COMUNIDAD Y CULTURA

Blucher

COMUNIDAD Y CULTURA

Organizadora

Maria Elisabeth Cimenti

Comunidad y cultura

SERIE FEPAL: PSICOANÁLISIS LATINOAMERICANO
COORDINADORA CIENTÍFICA MARINA MASSI

Publisher Edgard Blücher
Editor Eduardo Blücher
Coordinación editorial Rafael Fulanetti
Coordinación de producción Andressa Lira
Producción editorial Quirino Edições
Composición Joyce Gama Rosa
Colaboración Leo Mangiavacchi (diseñador – Fepal)
Tapa Laércio Flenic
Arte iStockphotos

Blucher

Rua Pedroso Alvarenga, 1245, 4º piso
04531-934 – São Paulo – SP – Brasil
Tel.: 55 11 3078-5366
contato@blucher.com.br
www.blucher.com.br

Datos de catalogación y publicación internacional (CIP)
Angélica Ilacqua CRB-8/7057

Comunidad y cultura / coordinador del comité organizador : Maria Elisabeth Cimenti. - São Paulo : Blucher, 2024.
264 p. (Serie Fepal / coordenadora Marina Massi)

Bibliografía
ISBN 978-85-212-2281-1

1. Psicoanálisis I. Cimenti, Maria Elisabeth
II. Serie

24-3827 CDD 150.195

Índices para catálogo sistemático:
1. Psicoanálisis

Sobre la serie

El proyecto de la Serie Fepal es fruto de mis dos años de trabajo como Coordinadora Científica de la propia Fepal, durante la gestión 2022-2024, presidida por Wania Maria Coelho Ferreira Cidade.

La integración de los colegas y la producción latinoamericana fueron algunos de los marcos orientadores de las actividades del equipo de la Coordinación Científica. Son puntos de encuentro en el *trabajo colectivo* que potencia y abre horizontes para una producción viva y creativa, capaz de enriquecer teórica, técnica y clínicamente el psicoanálisis.

En el programa inicial de la Coordinación Científica de la Fepal (2022-2024), uno de los objetivos principales era la función articuladora y agregadora entre las diversas áreas de la institución. Ello, al promover un diálogo permanente entre sus miembros y entre los diversos proyectos que venían siendo realizados y los que se iniciaron en nuestra gestión.

El objetivo era de integración, respetando la creatividad, la diversidad y la autonomía, en el ámbito interno de las comisiones de trabajo vinculadas con la Coordinación Científica. A saber, Comisión de Formación y Transmisión del Psicoanálisis, Comisión de Investigación, Comisión de Pareja y Familia, Comisión de *Working Parties* y el Grupo de Estudios de Psicosomática.

De este modo, la Serie Fepal nace, más allá de las comisiones de Coordinación Científica, de la integración y asociación con otras direcciones. Asimismo, pretende ser un vehículo de expresión y difusión de los trabajos producidos en el marco de la propia institución.

Los primeros cinco libros de la Serie Fepal están impregnados con la historia del trabajo y la dedicación de numerosos colegas psicoanalistas. Estos profesionales se han comprometido en una comprensión más profunda de los problemas de desamparo, así como de las cuestiones étnicas, sociales, de género y ambientales en nuestro continente.

Compartimos la necesidad, como psicoanalistas, de conocer el mundo al que pertenecemos. Solo así podemos colaborar de manera más encarnada con nuestros pacientes, parejas, familias, y con el trabajo en instituciones, comunidades y grupos, desarrollando la escucha analítica que es nuestro oficio y arte.

Mi profundo agradecimiento a todos los que hicieron posible la realización de este proyecto editorial

Marina Massi

Coordinadora científica de la Serie Fepal

Contenido

Apertura

Apertura

1. Ruptura del vínculo social, transferencia de responsabilidades

Maren Ulriksen de Viñar

En los últimos años de la pos-dictadura, junto con el auge de la globalización y del neoliberalismo en nuestros países, al sur de América Latina, se constata de modo inquietante la profundización y la cronificación de la exclusión y la desigualdad en amplios sectores de la población. Esto implica una violencia vinculada a la restricción, a la desaparición del "derecho a tener derechos" (Arendt, 2006). La marginación se acrecienta, y se consolidan zonas de subcultura marginal que genera su auto-reproducción. La correlación de ambos, los procesos de empobrecimiento y los de segmentación y exclusión social, no es simple ni mucho menos directa (Katzman, 1999). Las instituciones antaño "democráticas" del Estado, restringen las inversiones en políticas sociales, aumentando la franja de empobrecimiento hacia las capas medias de la población.

Analizaremos algunas situaciones de profundo malestar social y personal, de aquellos trabajadores que cumplen tareas en las instituciones de salud y de educación públicas, siendo ellos quienes reciben directamente en su cuerpo y en su psiquismo la violencia de la ruptura de los vínculos sociales a las que conducen estos procesos de empobrecimiento y marginación.

Llegar como psicoanalista a trabajar con estos sectores de la población, a una escuela pública, o a una policlínica barrial, nos obliga a crear nuevos instrumentos para intentar comprender los síntomas de un sufrimiento complejo y enigmático, ligados no sólo a la escasez de ingresos, sino a la incapacidad de desarrollar y utilizar al máximo el potencial de las capacidades humanas. Este trabajo nos lleva a re-descubrir el rol central de la persona humana, en tanto sujeto activo, en cualquier propuesta de desarrollo, postulado que implica un desafío humanitario enraizado en la insoslayable restitución tanto de la democracia como de los principios de universalidad de los Derechos Humanos (Martín, 2000).

Las profundas mutaciones de esta época han socavado el desarrollo de políticas sociales, deteriorando el sistema de educación pública universal, la protección social y la salud pública.

Consecuentemente, se instala un proceso de aculturación, de destrucción de la familia extensa, que, unido a la pérdida de apoyos sociales comunitarios tradicionales, conlleva una ruptura social y cultural con el entorno, y entre una y otra generación; aumenta la vulnerabilidad del adulto responsable, en particular de la madre (Aguirre, 1992).

Las condiciones de desarrollo psico-social y de subjetivación de los niños se ven distorsionadas por las fallas del entorno próximo, las dificultades se instalan precozmente, antes del ingreso a la escuela. Los problemas en la adaptación de los niños a los requerimientos escolares desbordan la precaria capacidad de la institución pública para cumplir con sus objetivos de integración social, de formación y educación.

Así mismo el conjunto del sistema de salud está en crisis, poniendo de manifiesto tanto el incremento de la demanda en el sector público, como el deterioro del servicio, la mala administración, la corrupción, y el empobrecimiento salarial de los funcionarios y de los usuarios.

Trabajar en el ámbito de la salud y de la educación nos coloca siempre a una gran proximidad de las personas de quienes nos ocupamos. Más allá de la competencia técnica, es la propia persona el instrumento fundamental de su trabajo. El estilo y la calidad humana de la personalidad anterior, marcadas por la formación profesional, organizan la capacidad para establecer vínculos estrechos, calurosos, seguros y solidarios con el público, manteniendo al mismo tiempo una posición ética garante de un sostén eficaz y de una proximidad no intrusiva. La posición y el acto profesional están legitimados por su relación a la ley y a la institución.

Estos funcionarios, actores directos que soportan la responsabilidad de la atención y de la educación de la población más pobre y desamparada, se encuentran en una situación de gran frustración, y por lo tanto de vulnerabilidad, ante la imposibilidad psicológica y material de cumplir con los objetivos de su trabajo, en general altamente investido.

La particular escucha del sufrimiento humano, y de sus movimientos transferenciales-contratransferenciales, permiten al psicoanalista incluirse en el trabajo de campo con estos actores directos, y, observar y utilizar sus propios movimientos psíquicos y los del grupo para pensar y buscar (crear), desde la situación de campo, otros instrumentos conceptuales que podrán ponerse a prueba.

Brevemente abordaremos dos cuestiones: ¿Cómo podemos pensar la relación de los profesionales y los funcionarios, con aquellos que solicitan acceso a ciertos derechos básicos, como es el caso del derecho a la salud y a la educación?

El malestar y sufrimiento de los maestros de la Escuela Pública, vinculados al fracaso, a pesar de las reformas en curso, de su función educativa y formativa, y la constatación de un sufrimiento afectivo y cognitivo en los niños que viven la reproducción social y transgeneracional de la desigualdad y de la exclusión, en un barrio pobre y marginal de Montevideo.

El derecho a la educación y a la salud se enmarca en un compromiso por la construcción de una sociedad democrática. Quedará sólo planteada la pregunta acerca de ¿cuáles son los proyectos y las estructuras educativas y de formación que presuponen el desarrollo de condiciones que incidan en una recuperación y profundización de la democracia?

Encuentros y desencuentros en el campo de la salud comunitaria

Cuando, desde la posición de docente de la Facultad de Medicina (experiencia personal en el programa Docente en la Comunidad, Clínica de Psiquiatría pediátrica, Fac. de Medicina, Universidad de la República, 1989-2002), trabajamos en el campo de Salud Mental Infantil en Policlínicas barriales, rápidamente nos encontramos atravesados por una profunda desazón, que logramos comprender como angustia por el choque entre los objetivos docentes de asistencia integral y la realidad de la salud pública.

La estructura de las policlínicas barriales la constituyen las personas que ahí trabajan, personal desgastado, mal pagado, sin formación actualizada, con escasos recursos materiales, excedidos por la demanda. El profundo malestar se exteriorizará en un sutil o abierto maltrato hacia el usuario, y el desgaste del compromiso y de la satisfacción en el trabajo, produciendo síntomas psíquicos y físicos en los funcionarios, y conflictos en el seno del equipo. En muchos lugares el usuario se retira, y la angustia y el fastidio por la falla en la atención son volcados hacia su propia persona o en su núcleo familiar, quedando nuevamente enquistada una necesidad no satisfecha en el más desvalido, en forma de síntoma enigmático, queja o agresividad.

En el año 1993 (Ulriksen, 1993) interrogamos este descontento, sentido con mucha fuerza por los estudiantes y docentes trabajando en la comunidad. Surgieron las diferencias en la pertenencia cultural y social entre los universitarios, el personal de salud y la comunidad. Estas diferencias requieren un trabajo del universitario con la propia subjetividad, para lograr utilizar su persona como instrumento principal del trabajo con la comunidad, y permitir el procesamiento de la tensión que surge de la confrontación de diferentes códigos. En la creación de un lenguaje compartido y de una confianza y cultura común básica, necesarias para desarrollar un trabajo participativo, el polo de mayor ignorancia, se sitúa en el profesional, en la ilusión de la consistencia de su saber universitario. Este deberá hacer un tránsito doloroso para enfrentar el desconocimiento que tiene de la comunidad y los límites de su saber en ese contexto. Acuñamos en el término de "transferencia de discursos" la modificación interior que le permite apropiarse y compartir las vivencias de desamparo y exclusión del otro –pobre, enfermo, demandante– de la comunidad, y desde esa posición, trasmitir en un nuevo código conocimientos que la comunidad puede hacer suyos. Para el universitario, esto es modificación de lenguaje y de postura de saber; es cambio de lugar, proceso de des-identificación y tolerancia del desamparo por la pérdida del marco conocido, de su conocimiento y de su práctica profesional. Debe atravesar por un penoso desajuste, un cuestionamiento del conocimiento disponible y una parcial renuncia al poder de su saber universitario.

Es este proceso de reconocimiento, de identificación con el semejante, funcionario y usuario o paciente, el que permite compartir las angustias, la confusión, la impotencia y por qué no la rabia, ante la indiferencia y el abandono de los poderes públicos hacia el personal de salud y la comunidad. Es entre la comunidad y el funcionario donde se juega con violencia este abandono. A este proceso lo llamamos "transferencia de responsabilidades", violencia silenciosa que se desplaza engañosamente desde el poder político al funcionario, quien dará o no una respuesta en un cuerpo a cuerpo directo con el usuario.

Estos obstáculos "duros" en el trabajo con la comunidad, en cuanto a la dimensión subjetiva de los vínculos, es una dimensión determinada no por las personas aisladas, sino por la inclusión de su encuentro en un contexto institucional atravesado por el mandato de un discurso contradictorio y perverso que se origina en el poder político.

Es el reconocimiento de la angustia y el desaliento vividos en el terreno mismo de una acción en política social el que nos conduce a formular los puntos de partida para una tarea de elucidación de este malestar. La tarea crítica de pensar el asombro y la indignación nos pueden conducir a procesos de resistencia y de creación. Las dinámicas en juego en estos conflictos nos permiten formular la pregunta sobre la responsabilidad en tanto responsabilidad política.

El malestar en la escuela publica en un contexto de pobreza cronica. Imposibilidad de asegurar "la educación" de los niños

En el marco del proyecto APEX (Aprendizaje-Extensión) de la Facultad de Medicina, entre 1993 y 1996, se me asignó la responsabilidad académica y la coordinación de un equipo interdisciplinario con el fin de estudiar y aportar respuestas al problema prioritario de salud en la zona del Cerro, los trastornos de conducta, y las dificultades y el fracaso en el aprendizaje, que oscilaban según las zonas entre el 20 y el 45% de los niños escolares (Ulriksen, 1998).

En el año 2001, el 45% de los niños vive en familias pobres, afirmando el proceso de "infantilización de la pobreza". Un análisis cualitativo muestra un perfil de crianza que representa potencialmente un riesgo de falla en el desarrollo del niño: madre deprimida (padre ausente), familia sin soporte interno y/o violencia doméstica, y soporte social inefectivo (Terra y col., 1989; Bernardi y col., 1996). Observamos en nuestro trabajo que esta situación opera como un mundo desbordante, acumulando experiencias traumáticas en el niño y su entorno.

El alto índice de repetición y fracaso escolar y su prevalencia en las clases trabajadoras son hoy uno de los problemas mayores de la niñez en Uruguay. La escuela pública y la psiquiatría al nombrar y marcar como portadores de patología, y en situación de "retardo" o "fracaso" escolar a los niños, oficializan la exclusión de los mismos, omitiendo la exploración de sus propias falencias, y desconociendo las cualidades de estos niños y de su entorno. Más allá de la intención consciente, se produce una operación de desplazamiento e imposición de la cultura dominante, teniendo la escuela un rol contradictorio con los cometidos de educación pública, al perpetuar o reforzar las desigualdades, y oficializarlas.

Estas prácticas de lenguaje y categorización parecen corresponder a una sociedad que funciona como un montaje perverso, aunque se denomine democrática, al mantener en su seno grandes espacios de ejercicio de violencia hacia otros humanos, donde proliferan exclusiones, cercamientos, y ausencia de respeto a los derechos humanos fundamentales. Este montaje perverso captura a los sujetos y no deja posibilidad para un cambio de lugar (Freire-Costa, J., 1992, 219-226). Se "priva al sujeto de enunciados propios sin los cuales no puede tener una imagen del propio cuerpo ni del yo", constituyéndose en objeto del goce sádico tanto del discurso, como de la mirada de aquel que detenta el poder. Una nominación excluye y separa grupos o categorías, tales como niño en fracaso escolar, menor infractor, delincuente juvenil, "niño de la calle".

Hanna Arendt analiza la ideología que coloca como un hecho, como dato inmediato de los sentidos o de la conciencia, la supuesta realidad de la división "natural" de los seres humanos, en pobres y ricos, negros y blancos, más o menos inteligentes, reprimiendo o desmintiendo el lugar de los intereses históricos y económicos en juego. Así el racismo, la segregación del pobre, del menor infractor, hacen creer que la imagen del cuerpo o la conducta, marcados por las huellas de su sistema clasificador, está fundado por la percepción de una diferencia natural, inocente de todo deseo. Pero sabemos que no hay percepción presemiótica. Toda familia natural de objetos que se ordenan según grupos discretos en el espacio perceptivo es culturalmente arbitraria.

En el trabajo de campo, en una Escuela Pública del Cerro, zona de pobreza, miseria y marginalidad, pudimos investigar el profundo malestar en la institución escolar, las dificultades del encuentro de maestros y niños, y el sufrimiento de estos distintos actores, los niños, los maestros y las familias.

Los niños, según la visión de padres y maestros, en alto porcentaje, no alcanzan un compromiso exitoso y placentero con la propuesta escolar. A pesar de impresionar como niños inteligentes y deseosos de concurrir a la escuela, no aprenden, no respetan reglas, se pelean violentamente, o permanecen aislados, retraídos.

En el estudio de 40 niños de primer año, se observa que la mayoría manifiesta una capacidad inteligente de razonamiento, pero esta capacidad no es utilizable debido a fallas a nivel del lenguaje y de las habilidades gnoso-práxicas. Los peores resultados surgen en las tareas que requieren competencias verbales (información, comprensión y vocabulario) y ordenamiento secuencial, mostrando la vulnerabilidad a la fatiga y al mantenimiento de la atención. La secuencialidad y la temporalidad están alteradas en la gran mayoría. Los estudios de Lenguaje señalaron una baja competencia lingüística, con dificultades importantes en la estructuración fonológica y la programación de la palabra, trastornos que tienen un impacto significativo en la adquisición de la lecto-escritura. Los resultados son significativamente bajos cuando los niños enfrentan una situación de comunicación verbal con un interlocutor de diferente contexto lingüístico.

Los problemas de conducta y de agresividad destacados por los maestros, estaban presentes sólo en un tercio de los niños; en el resto, en general con "buena conducta", era notoria una marcada inhibición, dificultades en la comunicación verbal y gestual, pasividad y ausencia de reacción de defensa frente al ataque de otros niños más turbulentos.

Las familias participan muy poco en las actividades de la escuela, desconfiando del rol de la educación formal, culpando a la escuela del fracaso de los hijos. En los talleres y las entrevistas con las madres, se expresaron las múltiples carencias, destacando las dificultades de comunicación con los hijos, con la pareja, con los vecinos, sintiéndose solas, vulnerables y desamparadas. La desconfianza y el aislamiento del vecino marcan la vida en el barrio.

Existen formas de violencia con una potencialidad destructiva que amenaza la posibilidad misma de vida psíquica, violencias individuales – sexuales y mortíferas –, o colectivas – sociales, políticas y culturales –, que operan como circunstancias no elaborables, como traumatismos psíquicos de efectos perdurables. Entre ellas, el incesto, el crimen, el terror, las masacres políticas e ideológicas, la aculturación, la pobreza crónica y su correlato de marginación, desamparo y exclusión, atentan contra el cuerpo y la subjetividad, trastocando los valores, alteran profundamente la transmisión de los mitos y las prohibiciones, invierten la relación a los orígenes, desordenan, mezclan, confunden el orden de las generaciones y coagulan la posibilidad de elaboración de la experiencia íntima al operar en una suerte de objetivación nopensable (Ulriksen, 1989). Son traumatismos que ponen en jaque la capacidad de memorizar, de imaginar y de simbolizar, medios por los cuales cada uno negocia su pertenencia a la sociedad y su devenir singular.

Los maestros, la gran mayoría mujeres, presentaban frecuentes interrupciones del trabajo por enfermedades diversas y banales, en particular los maestros más jóvenes, llegando en algunos casos a situaciones similares a las descritas en el "sindrome de burnout" del equipo (Cherniss, 1980). Se expresó un profundo sentimiento de frustración, de impotencia y rabia ante la dificultad o imposibilidad de cumplir en forma eficiente su rol de enseñante con los niños. Se quejaron de bajos salarios, de las malas condiciones del local, de la poca formación y la falta de herramientas teórico-técnicas para trabajar con las dificultades de aprendizaje y para manejar la violencia y los límites en la escuela, de falta de apoyo técnico en salud mental y trabajo social, de falta de tiempo de reflexión para programar cambios pedagógicos, para pensar y estudiar, falta de interlocutores, etc. Las quejas por importantes carencias vividas muy intensamente por los maestros, nos llevó a ratificar la necesidad de un trabajo conjunto, y a delimitar muy claramente con ellos los objetivos, el alcance y los límites de nuestra intervención en la investigaciónacción. La observación de nuestro equipo en la escuela nos confirmó la dificultad relacional cotidiana en la confrontación entre maestros y niños. El malestar de los maestros, con frecuencia descargado a los niños a través de gritos y verbalizaciones violentas, incrementaba el desborde y las peleas, volviendo imposible la contención, haciendo fracasar la figura de autoridad.

Nuestra impresión era que la escuela estaba identificada con el barrio, funcionando como las familias pobres, de modo descontrolado, violento, autoritario e incoherente. A esto se agregaba el desánimo, el retiro de algunos maestros del compromiso afectivo con la tarea y con los niños, y el sentimiento de impotencia ante la repetición de estas situaciones. Los talleres conjuntos permitieron trabajar en parte el descontento y el sentimiento de ser violentados por las condiciones del contexto. A la vez que reafirmando su compromiso con la educación de los niños surge la dolorosa conciencia de estar ante una tarea titánica, y muchas veces apenas paliativa de la culpabilidad nacida de la impotencia y el fracaso. Se logró manifestar con gran claridad como el desplazamiento de la responsabilidad política y económica va a desarmar, a violentar intrusivamente ese lugar tan particular y básico para el niño como lo es el encuentro en el aula con su maestro y sus pares.

A través de este breve análisis, aparecen los actores atrapados en el contexto más amplio de la pobreza, marcando las relaciones de la vida cotidiana con vivencias amenazantes intolerables, de inseguridad, desconfianza, y carencias múltiples.

El lenguaje, fundacion de lo humano

En el año 1998 se realizó en Uruguay una importante investigación socio-lingüística (Mara y col., 1997) en 500 niños de 4 años, inscriptos en escuelas o jardines públicos urbanos de todo el país, provenientes de diversos estratos sociales y áreas geográficas, constituyendo un análisis en profundidad del complejo tema de la adquisición del lenguaje. Se investigaron distintos indicadores en los niños, vinculando aspectos cognitivos y lingüísticos, y su distribución en relación a factores de riesgo social.

El desarrollo de las competencias lingüísticas y comunicativas de los niños de 4 años muestra importantes diferencias asociadas a niveles de pobreza, constituyendo un factor de alto riesgo, tanto en el aspecto estructural, como en los usos que hace el niño del lenguaje. Esta fuerte asociación entre situación de riesgo social y desarrollo del lenguaje destaca la dificultad para interrumpir la reproducción de la pobreza.

Las competencias comunicativas del niño, las capacidades lingüísticas y la calidad del diálogo están fuertemente influenciadas por la calidad del vínculo y la disponibilidad de la madre, determinantes de los procesos verbales infantiles. Tanto el lenguaje oral como el escrito son aspectos del mismo proceso de organización cognitiva y lingüística.

Estas debilidades en los aspectos lingüísticos estructurales y en las competencias comunicativas serían factores determinantes de desigualdad en el aprendizaje y en las posibilidades socioculturales de estos niños. Tomar en cuenta las diferencias sociales, culturales, cognitivas y lingüísticas de los niños, significa ofrecer programas educativos que permitan disminuir la brecha cultural de los distintos grupos de población, con el fin de alcanzar niveles de aprendizaje que acerquen la posibilidad de una igualdad de oportunidades futuras.

Es a partir de relatos como forma de pensamiento que se construye una perspectiva del mundo y se expresa una cultura.

¿Los niños, víctimas de la miseria, de la discriminación y de la guerra, en qué condiciones pueden recuperar su capacidad de vivir? ¿Es posible inducir por medio de la educación en la escuela una reversión del impacto de estos traumatismos?

El hombre, la hominización, se produce en el seno de una cultura anclada en un lenguaje compartido por una comunidad, que aporta una simbólica, una significación mantenida y transmitida de generación en generación, perpetuando la identidad de grupo necesaria para la construcción subjetiva.

La significación está en la base de un intercambio cultural y de la producción de herramientas simbólicas o materiales. En el seno de una cultura, de una comunidad, coexisten varias interpretaciones del mundo; lo que es trasmitido se relaciona en particular a discursos institucionales vinculados al poder y con frecuencia expresados como creencias canónicas de la cultura. El rol de la Escuela Pública es el de permitir una amplia interacción entre varias interpretaciones del mundo, una plurivocidad apoyada en el cuestionamiento de los valores establecidos.

Los límites del conocimiento que el hombre puede adquirir de sí mismo y la significación de su lugar en el mundo está ligado a formas propias de conocer, de pensar, de sentir y de percibir. La continuidad de la vida psíquica se organiza en la resignificación de lo ya vivido.

Los límites – restricciones – a la capacidad de interpretar aparecen ligadas a la representación del "tiempo" como continuidad homogénea y a la construcción de la noción de espacio, a partir de la experiencia fundadora de apropiación y de construcción de la imagen de sí mismo por los cuidados aportados por el otro (materno), condición para inaugurar una vivencia de continuidad, confiable, durable, benevolente, que revela la importancia de la ontogenia en el desarrollo y la adquisición de las funciones propias de lo humano.

Estas categorías fundamentales del pensamiento humano: de tiempo, de espacio y de causalidad, son construidas por medio de un sistema de notación compartido, fundamentalmente el lenguaje. El límite al pensamiento es impuesto por el lenguaje del cual disponemos. La conciencia lingüística por la vía de la externalización, de la descontextualización y del desarrollo de la capacidad semiótica permite reducir las limitaciones de cualquier sistema simbólico.

La educación debería dotar equitativamente a los niños de sistemas simbólicos indispensables para ir más allá de los límites de lo establecido, más allá de lo que es transmitido de generación en generación. Ampliar la conciencia lingüística permite el desarrollo de un pensamiento sobre el pensamiento. La adquisición plena del lenguaje es una de las condiciones necesarias para construir una identidad en el seno de una cultura.

La equidad de la distribución de los bienes culturales es un atributo de la democracia; una de las reparticiones más injustas es la distribución del lenguaje en las diferentes capas sociales. Las condiciones de desacuerdo ("mésentente") (Rancière, 1995) quedan establecidas desde el inicio por una situación de palabra. Esta violencia de la pobreza, en tanto atentado a la distribución del lenguaje, va a hacer fracasar los propósitos civilizadores de la escuela pública.

La caída del Estado-Nación arrastra con ella a un pilar de la identidad colectiva, desarticulando y rasgando la red de prácticas que sostienen el vínculo social y la producción de la figura del ciudadano. El nuevo Estado Técnico-Administrativo induce una transformación de las mentalidades hacia una nueva identidad a partir de una nueva memoria mediática y de una modificación del sentido de la palabra. Esta transformación instala una nueva forma de relación social, que ya no tiene lugar entre ciudadanos, sino entre espectadores, consumidores de este nuevo discurso. La figura del consumidor abandona el espacio político, espacio del intercambio de representación y de palabra, que ocupó otrora el ciudadano (Lewkowicz y col., 1997) a través de una retracción de su inscripción en el espacio público.

Ruptura del vínculo social en el seno de la accion social, educativa y de salud

Las mutaciones económicas y culturales que introduce el mundo globalizado en nuestras sociedades arrastran a una crisis, llamada mutación "civilizatoria" cuando sólo tomamos en cuenta los efectos del avance tecnológico, pero que desde el lugar de la mayoría empobrecida se puede designar como ruptura del vínculo social. Sus víctimas son los desempleados, los "nuevos pobres", los marginales, los niños y jóvenes que abandonan las instituciones educativas, las mujeres solas con hijos, los viejos, los extranjeros ilegales, es decir todos aquellos que viven en una situación de gran pobreza y precariedad material, con su correlato psíquico de desamparo afectivo, que se desliza de más en más a una pérdida de referentes sociales, psíquicos y simbólicos.

Un pensamiento científico acerca de estas exclusiones depende de la articulación simbólica del espacio antropológico, social y jurídico, con el fin de integrar las actuales determinaciones históricas, efecto de la mundialización y de la globalización de la economía.

La demanda que se plantea por el sufrimiento de estos grupos crecientes de población excede las ya resquebrajadas y restringidas formas tradicionales de asistencia social, educativa y de salud. Este sufrimiento, proveniente de la emergencia de una carencia crónica de la realidad material y social, es difícilmente expresada a nivel de lenguaje. En cambio, se pone de manifiesto en actos, por medio de conductas "inadaptadas" sean violentas o a-sociales o por medio de la retirada de la realidad y la instalación de una actitud pasiva, signo del desmoronamiento de las capacidades adaptativas de la persona. Es el caso, por ejemplo, del aumento de certificaciones médicas y pérdida de días de trabajo por sufrimientos de columna, dolores lumbares y depresión en los maestros y el personal de salud. En los niños con dificultades o en fracaso escolar se observan con mayor frecuencia síntomas de inquietud, dificultades de la atención, agresividad, o, desinterés, apatía, y ausentismo escolar.

La exclusion

En el centro de este sufrimiento se encuentra la experiencia de exclusión, que es ante todo una desarticulación del vínculo social, donde el sujeto es objeto de un clivaje, de una desmentida de sus derechos y de una renegación de su condición humana. Como ocurre en los casos de las víctimas de la tortura y la persecución política, la posibilidad de reparación del traumatismo inducido por estos tratos inhumanos comienza por el reconocimiento de la legitimidad de su sufrimiento, que reintroduce al individuo en la red del lenguaje dándole un lugar en tanto sujeto social (Viñar, 1989).

Jean Maisondieu (1997) afirma que "los daños psíquicos de la exclusión que descalifica y mata los vínculos" inducen una catástrofe psíquica que priva a su víctima de lo que la hace hombre, es decir, el orden simbólico, el sentimiento de existir entre otros, la autoestima y la estima de los otros.

La historia subjetivada de un individuo, que lo funda en tanto persona, que le da su identidad y su singularidad, permite construir una doble pertenencia: ser semejante y ser diferente.

El desplazamiento obligado de amplios sectores de población, el empobrecimiento y pérdida de lugar en su clase social, constituyen una agresión que, más allá de la destrucción de un individuo, de un grupo o de un pueblo, desarticula la pertenencia a lo humano. Una de las mayores plagas de nuestra civilización son estos movimientos masivos de migración y fuga del territorio de origen. El migrante, en un sentido amplio, se convierte en un desarraigado, sin raíces, ya que ha perdido su territorio psíquico y su identidad histórica singular. Esta destitución de las referencias conocidas, familiares, se encuentran en el origen de una profunda distorsión del sentido, de una confusión, por la vivencia de no-existencia, de no-ser.

La imposibilidad de respuesta de los servicios a las necesidades de los usuarios lleva al poder político al montaje de una operación perversa por medio de la cual se desprende de su responsabilidad y de principios solidarios, sin confesarlo, silenciosamente (Ulriksen, 1994). Por un acto de omisión, la restricción de recursos, el poder político-administrativo abandona también al funcionario, al maestro, a la enfermera, al médico, quienes fracasan como persona y como ciudadanos, al quedar confrontados a la violenta negación de un derecho al no atender la demanda del otro-usuario en situación de desamparo. Se produce una doble exclusión: una abierta y visible, aquella del que demanda; y otra silenciosa, disimulada e hipócrita, aquella del funcionario, del personal de salud y de educación.

¿Qué marco, qué encuadre, para cuál encuentro?

Al analizar las relaciones establecidas entre aquellos que, incluidos en un sistema administrativo o de salud, tienen un cierto poder, y las diversas categorías de pobres, excluidos, desempleados, desplazados, más allá del discurso político y de acción social, es necesario mirar de cerca el marco en el cual se desarrolla el encuentro entre esas dos categorías de personas. Uno, el ciudadano, ocupa un lugar de poder de decisión sobre la vida de otro marginal, sin trabajo, sin recursos, sin casa, que ocupa un no-lugar, quedando fuera del sistema de reciprocidad que asegura el vínculo social en una democracia. Un estado, desempleado, enfermo, psicótico, por ejemplo, se vuelve una cualidad negativa del ser, convirtiéndose por su desamparo en asociales.

En estas condiciones no hay posibilidad de encuentro. La oferta subjetiva más importante en la recepción que la sociedad puede dar a los más desamparados es el reconocimiento de alteridad y de humanidad que inaugura la ligadura social indispensable para vivir juntos. Es este reconocimiento el que frecuentemente fracasa. Al contrario, el discurso oficial endosa las responsabilidades de ciertos síntomas de descomposición social como la violencia, en particular juvenil, la inseguridad, la presencia de "niños de la calle", a los propios excluidos, reforzando la división binaria de la sociedad y el discurso "securitario". Este discurso del poder enmascara la profundidad de la crisis económica, en beneficio del gran capital multinacional, y sus efectos de aumento del desempleo, ausencia de futuro para los jóvenes, renuncia a políticas sociales consistentes, desplazando el origen de la violencia en "la vida privada" de la familia, a su falta de responsabilidad y desinterés por la educación, etc. Esta "psicologización" que presentada en la televisión constituye el fondo sobre el cual surge la temible figura del menor delincuente, impide un debate sobre los orígenes de las desigualdades, pobreza y exclusión social. Todos nuestros países reciben préstamos millonarios para el control de la "seguridad ciudadana", en ocasiones mayores que los destinados por ejemplo a la educación pública. Recientemente, en Uruguay, a raíz de los motines y destrucción, por los presos, del tristemente célebre Penal de "Libertad", el préstamo (en dólares) adjudicado a la formación de recursos humanos para un trabajo social y educativo con jóvenes marginales ha sido "desviado" para la construcción de una moderna cárcel de alta seguridad.

Violencia de la practica educativa, medica, social

En el seno de estas prácticas, no podemos pensar el encuentro entre personas, en tanto sujetos individuales, sino en un tipo de encuentro determinado por las coordenadas del marco, donde se instala una dialéctica de amo-esclavo, de inclusión-exclusión, en lugar de un sistema de reciprocidad. La palabra está condicionada por la asimetría radical de este encuentro.

Ferenczi (1933) estudió la confusión de lengua entre los adultos y el niño, señalando que el adulto persuasivo, autoritario y violento, ocupa este lugar porque dispone de un poder que el otro no tiene.

Cuando un hombre, un ser humano, escucha, interroga a alguien que está fuera de lo humano, alguien que va a morir, un torturado por ejemplo (Viñar y col., 1989), alguien golpeado por los acontecimientos de la historia, los lugares que instituye la palabra son tan distorsionados que son incompatibles con el diálogo. El discurso del poder de uno aplasta y desautoriza la palabra del otro (Viñar, 1978).

Piera Aulagnier (1988, p. 260) señaló que "la forma más pura de violencia, la más ejemplar, sería la alienación del pensamiento de un sujeto en el deseo único, frente al poder único que éste le impone", situación binaria donde el entre-dos está perdido, y el otro anulado, por una ley no enunciada que excluye radicalmente la alteridad, la diferencia y la plurivocidad. Toda violencia psíquica busca el mismo objetivo: someter el pensamiento del otro a tal punto que le es imposible tomar conocimiento de su estado de sumisión. El concepto de violencia en esta perspectiva es inseparable del de alienación (Viñar, 1989; Ulriksen, 1995).

Cuando la palabra es secuestrada por el otro, el que detenta el poder, ésta es imposible de ser pronunciada por aquél que es excluido en tanto interlocutor. Al excluido sólo le queda el grito o el acto que denuncia el sin sentido, o, la retorsión de la violencia por el ataque expresando la vivencia paranoide desencadenada por la exclusión y por el mandato de sumisión.

En el encuentro entre el funcionario y el otro, excluido, marginal, este último sabe que corre el riesgo de un rechazo de una expulsión de parte del sistema, pero en el cara a cara del encuentro, el sistema y su discurso se han vuelto invisibles, y la densidad de la sanción aparece como responsabilidad del funcionario. Se instala una lógica donde el poder de uno puede invalidar al otro en tanto sujeto.

Imposibilidad de recepcion, desfallecimiento del rol profesional

El desafío para el excluido social es el de encontrar un lugar de acogida en un nuevo territorio social, un lugar digno de existencia y no sólo de supervivencia. Este hábitat receptivo puede permitirle "abrir un tiempo y un espacio destinados a un proceso de reapropiación psíquica de un nuevo territorio" (Lent, 1998). Es a partir de esta re-creación personal anclada en el nuevo vínculo social que el sujeto podrá construir un proyecto de futuro.

Para que el trabajo de asistencia, educación, con estos grupos sociales tenga un sentido positivo, es indispensable que el trabajador social, de salud o educación, se considere capaz de representar un lugar de referencia estable para el sujeto singular que ha perdido, por el proceso de exclusión, sus lugares de pertenencia. Este aspecto eminentemente humanitario, zócalo de todo trabajo asistencial y educativo, se logra movilizando las mejores capacidades junto con el desarrollo de potencialidades psíquicas y técnicas de los profesionales del campo social, quienes, a su vez, necesitan ser sostenidos, estimulados y formados.

Pero a pesar del apoyo que puedan recibir, la mayoría de los funcionarios del campo social que trabajan con los excluidos, viven la fractura de su identidad profesional, tironeados entre el desafío ético de una acción humanitaria y las exigencias silenciosas, pero activas de una política que no les permiten representar una referencia estable, indispensable para cumplir correctamente su trabajo.

Comunicacion y lenguaje

Es la sociedad quien puede o no satisfacer la necesidad fundamental del psiquismo, la necesidad de sentido. Es el sentido el que permite la construcción del ser socializado. Como lo señala Castoriadis (1999, p. 183), la institución social, en tanto donante de sentido, comporta múltiples dimensiones, una es el lenguaje que no es un "instrumento de comunicación", sino un complejo al interior del cual se establecen "objetos", "procesos", "estados", "cualidades", y diversos tipos de lugares y relaciones entre ellos.

Es el lenguaje el que permite enunciar, en parte, la investidura – indispensable para la construcción de la identidad – que el hombre hace de la institución social y de sus significaciones, entre las cuales se encuentran la ley, el ciudadano, el Estado, la justicia, la mercadería, etc.

Es la identidad del excluido, del marginado, de los "sin techo", de los "niños de la calle", la que está arruinada por la pérdida de sus referentes institucionales de origen. El desafío para la reconstrucción de la identidad, por lo tanto, de la subjetividad, se juega en la renuncia a encontrar las mismas significaciones en el nuevo lugar de recepción social, así como en la posibilidad de investirse y de participar. Este cambio, este enorme trabajo subjetivo se apoya ampliamente tanto sobre la cualidad y la *noambigüedad* de la recepción que abre un lugar a la alteridad radical del excluido en el seno de la sociedad, como en la posibilidad que tiene el lenguaje como recurso de apropiación de un lugar social y de investidura de las instituciones.

Las "razones" del sistema y la amplitud del problema permiten reparar sólo una parcela del mal. La limitación de lo humano, en el caso del funcionario, es que él no puede desde su lugar resolver el problema, ni responder a la pregunta que se le plantea. Sus capacidades subjetivas de recepción y de acción se ven desbordadas, produciendo un efecto de rechazo defensivo, de imposibilidad de empatía y por consecuencia, un derrumbe de la posibilidad de lenguaje.

Referencias

Aguirre, R. (1992). *Género, familia e infancia: Seminario Las familias, las mujeres y los niños*. IIED-AL y CIEDUR.

Arendt, H. (2006). *Los orígenes del totalitarismo*. Alianza Editorial.

Aulagnier, P. (1988). *Intervention. Le psychanalyste sous la terreur*. Compilado por H. O'Dwyer de Macedo. Matrice.

Bernardi, R., Schwartzmann, L., y otros. (1996). *Cuidando el potencial del futuro. El desarrollo de niños preescolares en familias pobres del Uruguay*. Depto de Psicología Médica, Facultad de Medicina, Universidad de la República.

Castoriadis, C. (1999). *Figuras de lo pensable*. Cátedra.

Cherniss, C. (1980). *Staff burnout: job stress in the human services*. Sage Publications Inc.

Diarmuid, M. (2000). *Capacidades Humanas y Capital Social. La gente: el principal recurso de una economía moderna. Nuevas aproximaciones al concepto de desarrollo. Desde la economía, la sociedad y la ética*. Celia Barbato (coord.). Trilce.

Ferenczi, S. (1933). Confusion de langue entre les adultes et l'enfant. Le langage de la tendresse et de la pasión, *La Psychanalyse*, N° 6.

Freire-Costa, J. (1992). Du désarroi narcissique au désespoir. Incidences de la désagrégation sociale sur l'économie psychique. *Psychanalystes, Violence et subjectivation*, Nº 45.

Katzman, R. y otros. (1999). *Activos y estructuras de oportunidades. Estudios sobre las raíces de la vulnerabilidad social en el Uruguay*. CEPAL y PNUD.

Lent, C. F. (1998). *Transculturación y subjetividad. La mutación psíquica. ¿Semejante o enemigo? Entre la tolerancia y la exclusión*. (Marcelo Viñar, comp.). Trilce.

Lewkowicz, I. & Busola, D. (1997). *Historia sin memoria o las nuevas funciones del discurso histórico. Lo interdisciplinario: Memoria, Historia, Narrativa*. ADEP.

Maisondieu, J. (1997). *Entre exclusion du malade et mal-être de l'exclu: la souffrance du sujet dans son alterité. Les soins psychiques confrontés aux ruptures du lien social, dirección de Marcel Sassolas*. Erès.

Mara, S., Mara , G., Gutierrez , R. & Gonzalez , M. (1999). *Estudio del lenguaje de los niños de 4 años en el Uruguay*. ANEPBIRF.

Rancière, J. (1995). *La mésentente*. Galilée.

Terra, J. P. y otros. (1989). *Creciendo en condiciones de riesgo. Niños pobres del Uruguay*. UNICEF-CLAEH.

Ulriksen, M. (1988). La violencia social en la escuela. Algunos efectos traumáticos en la mente de los niños en un contexto de pobreza crónica. *Revista Uruguaya de Psicoanálisis* 1998; 88: 131-152.

Ulriksen, M. (1989). La transmission de l'horreur. In J. Puget, R. Kaës et als. *Violence d'Ëtat et psychanalyse*. Dunod.

Ulriksen, M. (1993). Acerca del encuentro Universidad-Comunidad. *Temas de Psicoanálisis*, Nº 19.

Ulriksen, M. (1994). Le transfert de responsabilité: une violence silencieuse. In M-C. Caloz-Tschopp, A. Clevenot, M. P. Tschopp

& Groupe de Genève "Violence et Droit d'Asile en Europe". *Asile-Violence-Exclusion en Europe. Histoire, analyse, prospective. Cahiers de la Section des sciences de l'éducation: Pratiques et théorie.* Section des sciences de l'éducation de l'Université de Genève.

Ulriksen, M. (1995). Children Affected by Organized Violence in South America. *Children – War and Persecution*. Unicef.

Ulriksen, M. (1989-2002). Experiencia personal en el Programa Docente en la Comunidad, Clínica de Psiquiatría Pediátrica, Facultad de Medicina, Universidad de la República.

Viñar, M. y M. (1989). *Exil et torture*. Denoël.

Comentário em homenagem à autora Maren Ulriksen de Viñar

María Cristina Fulco

Iniciar la apertura de este libro con el texto de la Dra. Maren Ulriksen de Viñar, "Ruptura del vínculo social, transferencia de responsabilidades", nos enfrenta al despliegue de un amplio abanico de temas, que como la exclusión, la migración, el racismo, la infantilización de la pobreza, mantienen su total actualidad en estos tiempos de mutación civilizatoria que estamos viviendo en esta ya mitad del siglo XXI. Médica, Psiquiatra infantil y Psicoanalista, Maren nos acerca a conocer la extensa y productiva trayectoria, de quien fue pionera en abrir las puertas de su institución, la APU, para llevar el psicoanálisis a la Comunidad, la Universidad y la Cultura, así como su inserción y trabajo sostenidos a lo largo de los años, en políticas públicas, tanto en el Uruguay como en la región latinoamericana.

De su capacidad para hacer dialogar el psicoanálisis con las más diversas disciplinas, da cuenta su prolífera producción, tanto en el plano de nuestra disciplina como en el plano social, dando pruebas de su compromiso como ciudadana de la polis, no sólo en nuestra región sino también durante los largos años de su exilio en Francia en los oscuros tiempos de nuestras dictaduras latinoamericanas.

Miembro Titular de APU en funciones didácticas, analista de analistas, integrante de la Cátedra de Psiquiatría infantil de la

Universidad de la República, su pensamiento nos permite conocer una vida comprometida con los acontecimientos de la época.

Sobre el lugar del psicoanalista en la comunidad, nos hablan muchos de sus textos, acercándonos reflexiones acerca de su experiencia en largos años de trabajo en centros diurnos para niños psicóticos. A modo de ejemplo podemos citar "La ansiedad de alienación en los grupos terapéuticos infantiles", " Conducta antisocial en el niño, el robo como actuación frecuente". Sus aportes, al poner el acento sobre el lugar del psicoanalista en la comunidad han enriquecido y por su actualidad lo siguen haciendo, la reflexión psicoanalítica También de ello da cuenta el trabajo: "Apuntes de un quehacer sin diván ", texto que mantiene total actualidad en estos tiempos de cambios y ruptura del lazo social que nos ha tocado atravesar.

De su compromiso con la Universidad y la Sociedad dan cuenta textos como: "Acerca del Encuentro Universidad - Comunidad", "Crisis social y situación analítica". De los duros tiempos de las dictaduras: "Inscripción transgeneracional del traumatismo de la violencia política", "La transmisión del horror", "Trabajar la desmemoria"; "Un grupo de psicoterapia analítica de niños en los años del ascenso del fascismo en el Uruguay", "Notas para pensar el terror de Estado y sus efectos en la subjetividad."

El libro reeditado: "Fracturas de memoria: Crónicas para una memoria por venir" (1992), en coautoría con Marcelo Viñar, "Exil et torture" (1989), nos habla del espacio político como espacio de representación y de palabra

Comenta Maren: "Participar durante los años 1995-96 en el Anteproyecto del Código de la Niñez y Adolescencia, de acuerdo al marco conceptual que fija la Convención sobre los Derechos del Niño (CDN), aprobada por Naciones Unidas en 1989, nos ha llevado a reflexionar acerca del posicionamiento del psicoanálisis y del psicoanalista ante un postulado básico: el concepto de "niño -sujeto de derechos. La Convención sobre los Derechos del Niño, ordena en una nueva semiótica el universo de la vida en sociedad, tanto pública como privada", (RUP, 100).

Este anteproyecto fue presentado en el Parlamento uruguayo en octubre de 1996 y fue aprobado por la Cámara de Diputados y posteriormente por la Cámara de Senadores en 2001.

Son estas algunas de las múltiples referencias que dan cuenta de la trayectoria de vida de Maren Ulriksen de Viñar, de quien podemos decir que ha sido y continúa siendo, una referente no sólo del psicoanálisis sino también de nuestra cultura.

2. El enigma del traumatismo extremo: notas sobre el trauma y la exclusión. Su impacto en la subjetividad

Marcelo N. Viñar

La noción de trauma ha adquirido tal extensión y amplitud, en la diversidad de sus causas como en la magnitud o intensidad de sus efectos, que se vuelve necesario reconocer su heterogeneidad, para restituirle precisión y evitar que se vuelva un comodín que transforma la problemática a pensar en una Torre de Babel.

Es bien sabido que su uso en Medicina no es el mismo que en Psicoanálisis. Mientras que en medicina se trata de reparar el daño actual y todo gira en la adecuación o proporcionalidad entre causas y efectos, en nuestro oficio, la acción *après coup* y la resignificación – se suele decir la resimbolización del trauma- configuran lo central del problema; es decir es una reparación o cicatrización de largo aliento, que incluso tiñe la transmisión entre generaciones.

El tema de la seducción originaria y del shock sexual primario (cuya conceptualización ocupó a Freud largo tiempo y a sus sucesores hasta el presente), tiene una relación distante con el horror de los campos, del genocidio y la tortura, que ha sido y sigue siendo una obsesión de la actualidad. Tampoco tiene las mismas coordenadas de análisis el trauma, que se tramita en la intimidad del incesto que el que se desarrolla en la esfera pública y masiva de la violencia política; el que es producto de catástrofes naturales y el que es resultado de acciones humanas inicuas (crueles) concebidas de manera lúcida y metódica. El tema es pues, de una vastedad que compele a fragmentarlo en capítulos o temas abarcables, por un enfoque que pueda tomar cierta congruencia.

* * *

Me propongo abordar los efectos inmediatos del trauma extremo y conjeturar sobre sus efectos a largo plazo, en lo que concierne a la violencia política (tortura y desaparición, guerra y genocidio), y también al genocidio frío de la marginación y exclusión que caracteriza la organización productiva y societaria en varios países de América Latina, quizás como reliquia actual de aquella mentalidad colonial teñida de una supuesta superioridad étnica de los blancos de origen europeo, frente a la población autóctona.

* * *

Para comenzar y con el debido respeto y reconocimiento a las instituciones convocantes y sin querer centrar el problema en una querella de nominaciones, en una guerra nominalista, necesito expresar mi discrepancia con las nociones de Neurosis Traumática, P.T.S.S. (Post Traumatic Stress Syndrome) y de Resiliencia. Las primeras han medicalizado el problema y promovido una taxonomía de síntomas y síndromes, que, al enfatizar los efectos sobre el cuerpo dañado, subrayan lo accesorio y distraen sobre lo esencial: esto es el efecto devastador sobre la estructura psíquica del afectado y de su entorno, en la actualidad candente y en el largo plazo de la transmisión intergeneracional.

La más reciente noción de *Resiliencia* se inspira de la física, la capacidad por ejemplo de un elástico o de un resorte, después de ser sometido a condiciones extremas, se mide su aptitud a perder o recuperar sus condiciones originarias de textura y resistencia. Se extrapola de este hecho la capacidad de regeneración psíquica a continuación de condiciones de violencia extremas. Esta noción tiene la virtud de combatir la pendiente victimológica de daño y denunciar el beneficio secundario de los síntomas. Apunta a abrir un desenlace creativo en vez de la minusvalía que ordinariamente se atribuye a la secuela, pero comporta una vocación normalizante que nos parece errónea y hasta nociva.

Sería absurdo paralizarse en una guerra de nombres. De lo que se trata es de resistir a la medicalización del problema y contribuir a la ficción de una sociedad de afectados e indemnes. Intentamos posicionarnos de otro modo, en otra lógica. La divergencia en el posicionamiento inicial es radical y tiene pesadas consecuencias en las metas de un proceso terapéutico y en el énfasis de los itinerarios a recorrer. No es lo mismo pensar en términos de neurosis traumática que de marca e inscripción, y esto evidentemente tiene consecuencias en los desarrollos y comprensión que de allí derivamos.

De consiguiente la querella no es terminológica sino doctrinaria. Una enfatiza el daño, la cicatrización o la indemnidad del cuerpo y del alma (del soma y del aparato psíquico) Su vocación es inscribirse en el discurso médico o psicopatológico. Nuestro posicionamiento enfatiza la inscripción en la cultura y en la historia. El cambio terminológico también apunta a un cambio de valoración, a no considerarlo unívocamente como despojo o infamia, sino como violencia capaz de revertir su dimensión dañina y nutrir un destino de creatividad.[1]

* * *

Pensamos que el efecto de normalización que busca la resiliencia, como la acción catártica abreactiva con que trabaja el modelo P.T.S.S,

1 Es difícil precisar – a riego de omisiones – la lista de autores que nos ayudaron a comprender que esta distinción entre medicalización e inscripción en la cultura es divorcio de aguas que lleva a secuencias e itinerarios diferentes. Tanto colegas como autores de la literatura concentracionaria, europeos y latinoamericanos. Pero hablando en París no puedo dejar de dar relieve y testimonio de reconocimiento a los trabajos de Janine Altounian.

eluden una dimensión esencial del problema. Es cierto que la catarsis, como recreación del momento traumático, no es sólo una repetición alucinatoria, sino que el testigo (un ser humano auxiliador y coparticipante) es algo nuevo e inédito. Pero lograr este espacio relacional íntimo es un punto de partida, no de culminación. Los testigos –en singular y plural- son decisivos. Para que el Narrador asuma la transmisión de su experiencia. No hay narrador sin oyente, ni humanidad sin narración. Estamos hechos de palabras tanto como de carne. Es en ese espacio íntimo donde se genera la producción de psiquismo, andariveles e itinerarios donde se construyen amores y soledades.

Pero las figuras del mal (la tortura, desaparición, guerra, genocidio) no generan experiencia ni enseñanza, sino vacío representacional. La experiencia catastrófica es un agujero en la continuidad representacional inherente a la vida psíquica. El horror y el dolor extremo no generan experiencia sino espanto, no genera representaciones y relato sino vacío representacional y por consiguiente lo ocurrido es difícilmente transmisible y compartible. La palabra catártica se vuelve robotizada y configura una parodia, un simulacro de su valor de intercambio entre humanos. No hay proceso de (interiorización – subjetivación) de la experiencia. Los soldados venían mudos de las trincheras de Verdún, nos enseñó W. Benjamín. Volver representable, es decir transmisible, aquello que suprimió las condiciones de representabilidad, de producción de relato compartible, es ardua tarea. No es lo mismo la mostración compulsiva de una palabra catártica que el *insichgehen* (entrar en si), movimiento de interiorización, de examen de si mismo, y autorreflexión. Es este movimiento que da espesor al acontecer, significándolo, creando una alternancia entre la experiencia transitiva y la reflexiva, o de reinstalar la diferencia entre pensamiento y alucinación. Y es esta alternancia la que se interrumpe en la experiencia del horror.

* * *

Tal vez sea más simple y elocuente apoyar este debate con palabras de un anónimo sobreviviente del campo: *"Quien nunca estuvo en Auschwitz nunca terminará de entrar, el que sí estuvo, nunca terminará de salir..."* El mundo concentracionario - como paradigma del horror -, no es procesable como memoria, es dolor insoportable y siempre actual. Como dice Semprun, *"algo de sí siempre queda allá, aunque otra parte siempre pueda seguir amando, odiando, trabajando, empeñándose en proyectos o enfureciéndose"*. Este profundo clivaje es propio del traumatismo extremo y su equilibrio o perpetua elaboración será el núcleo de preocupación del desarrollo de este texto.

"*El que nunca estuvo en el universo concentracionario jamás terminará de entrar el que estuvo jamás de salir.*" ¿Cómo pensar el abismo de los universos simbólicos que separan uno y otro; al parecer de manera definitiva e irreductible? Esta sentencia se me pegó como sanguijuela (o garrapata), se me impuso como asedio psíquico y como enigma a descifrar. Un colega alemán, Hans Stoffels escribe que al Dante, después de escribir su "Divina Comedia", los habitantes de Verona lo evitaban porque había visitado el infierno.

* * *

¿Cómo concebir entonces, la especificidad de la memoria del terror? La experiencia del espanto, como dijimos, no genera enseñanza ni experiencia sino vacío representacional. El dolor originario del trauma se reitera alucinatoriamente y son lentos los recursos psíquicos para hacer que ese animal furioso que es la alucinación, se vuelva metabolizable; y se logre, no digo domesticarlo, pero al menos hacerla menos quemante, y que en lugar de la sideración del sujeto pueda dar lugar a representaciones psíquicas que adquieran significancia para el portador afectado.

Sabemos que las palabras aluden y representan a los hechos, a veces en proximidad y otras a una distancia inexorable. Yo puedo decir "Estoy enamorado" o "Estoy horrorizado", o más puntualmente "anoche hice el amor, o tuve un orgasmo", y puedo dotar a estas afirmaciones de la máxima trivialización, o, al contrario, encenderme de emoción. En otros términos, de estas experiencias podemos hacer una palabra plena o una palabra hueca. Del espacio de intimidad propio de la simbolización, no se dispone como dato inicial originario, como disponemos del aire que respiramos y de la luz y los colores para poder ver, sino que es un registro que se construye trabajosamente y se consigue aleatoriamente. Que se logra construir o se fracasa. Es la distancia entre la comunicación ordinaria y la poética. Para poder hablarse, siempre se necesitan dos, aunque el otro sea uno mismo y esa tensión entre experiencia inmediata y pensamiento, es imprescindible. Pero si la distancia entre el hecho experiencial y su representación es siempre problemática, esta dificultad se multiplica de modo exponencial en las zonas extremas del placer y del horror. El lenguaje no es la verdad, dice Paul Auster, pero es nuestra manera de residir en el mundo. Y aún cuando el pathos habite y hasta inunde las palabras, todavía es menester distinguir entre el afecto catártico de la palabra evacuativa y diferenciarla de la dura experiencia interior de la palabra que expresa el dolor psíquico. Llegar a este punto es árido y arduo –tal vez es la parte más larga y tediosa de un proceso terapéutico- pero este no es un punto de llegada sino apenas de partida. Es allí donde cesan los carriles alucinatorios de la repetición traumática, esa sideración de la experiencia que no puede ligar ni expulsar el espanto y se paraliza en el terror. Lo que algún autor llama colapso en la transicionalidad entre alucinación y pensamiento, que brota como la arista más visible de la llamada Neurosis Traumática o de guerra). Otra vez con palabras de Semprum:

> Es necesario *que aparezca un yo de la narración que se haya alimentado de mi vivencia pero que la supere, que sea capaz de insertar en ella lo vivido y lo imaginario, la ficción, y por consiguiente la ilusión. Una ficción que fuera tan ilustrativa como la verdad, que contribuyera a que la verdad fuese verosímil y no siderante.*

Nada de lo que proponemos se parece a la cicatrización del P.T.S.S. o a la normalización psíquica a que apunta la resiliencia. Se trata de reconocer en el trauma masivo de la barbarie totalitaria, no sólo los daños corporales que la medicina debe reconocer y tratar, no sólo de la sintomatología psíquica, que la medicina integral o psiquiátrica puede contribuir a atenuar; sino centrar el registro allí donde el ser humano es un ser hablante. Y su condición de ser político – como se sabe desde Aristóteles – no es un atributo adjetivo sino una condición constitutiva de su humanidad. Esta utopía es tan inalcanzable como imprescindible, irrenunciable. Sin ella, la solidaridad lúcida y conciente cae fatalmente en el tobogán del asistencialismo altruista y reinstala en el par terapéutico la dicotomía del enfermo y el indemne. Y en este mundo de injusticia, ¿quién está exento de ser víctima, victimario, o cómplice de violencia política? Por eso es necesario mantener esa utopía como referente: quien está enfermo es el lazo social, no la víctima. Cuando el trauma de la violencia política reasume su verdadero estatuto, el de acto político y no el de enfermedad, entonces el proceso terapéutico será interminable, tan largo como la historia de la humanidad. "*Yo no soy un enfermo, sino expresión de mi tiempo*" decía Hans Mayer luego Jean Améry en "*Más allá del crimen y el castigo*" ("*Au delà du crime et du châtiment*").

Ustedes recordarán la pesadilla recurrente de Primo Levi en el KZ: Soñaba el reencuentro con sus seres queridos y en medio de la narración de sus penurias, aquellos se alejaban fríos e indiferentes... De la tortura "nadie quiere saber, nadie puede creer", martillaba M.

de Certeau, y la ajenidad incrédula redobla la intensidad patógena del traumatismo. La empatía del testigo implicado es decisiva en la recuperación del afectado.

Las madres y abuelas de los desaparecidos, las Locas de la Plaza de Mayo (Gómez Nabgo, 2004), con su deambular silencioso con la efigie de sus hijos, socializando duelos, penas y dolores, cambiaron el curso de la historia de nuestro continente con su combate insobornable por la memoria. A la memoria oficial de celebración patriótica que imponían las dictaduras, fueron tejiendo, paso a paso, el lazo social desgarrado por la tiranía. No son años sino décadas de trabajo y esfuerzo, el tiempo que insume revertir el mandato de silencio, la proscripción de memoria en prescripción de memoria. Unfinishable business, (asunto interminable), es el título de un poema alusivo que Primo Levi escribió poco antes de su muerte. Así ha ocurrido con el genocidio armenio, con la Shoah, con las desapariciones en América Latina, confirmando que se requieren tres generaciones para construir y modelar la humanidad de un ser humano.

Sabemos que el terror enmudece y encierra a la víctima en su dolor y en su silencio (Gómez Nabgo, 2004).

> *Esto ocurre en el horror caliente de la guerra y el genocidio o la tortura, o en el horror gélido de la marginación y la exclusión, que privan al sujeto de su derecho a tener derechos. La curación, que en medicina es el silencio de los órganos, es en el trauma el retorno de la víctima a su condición de sujeto, a su condición de ser hablante (*parlêtre*) y ciudadano. Recorrer palmo a palmo el camino de la reparación siempre es un camino singular y es diferente, pero siempre pasa por rescatar la palabra y restituir una memoria apta a configurar un presente y proyectar un porvenir.*

* * *

> "La multitud de aquellos que no han vivido suficientemente... « *La foule de ceux qui n'ont pas vécu assez...* » No es una llorona lo que les hace falta sino un augur, (un adivino) « *Ce n'est pas une pleureuse qu'il leur faut c'est un devin* »
>
> « *Il leur faut un Oedipe que leur explique son propre énigme dont ils n'ont pas les sens* » Les hace falta un Edipo que les explique sus propios enigmas, de cuyo sentido no disponen. « *Il faut entendre des mots qui ne furent jamais dites, qui restèrent au fond des cœurs (fouillez le votre, ils y sont) Il faut faire parler les silences de l'histoire* ». Es necesario escuchar las palabras que jamás fueron dichas, que quedaron en el fondo de los corazones (hurguen el vuestro, allí las encontrarán), es necesario hacer hablar los silencios de la historia."

Traigo en exergo esta cita para evitar la sospecha de un sectarismo psicoanalítico, aclaro que ningún gran psicoanalista la pronunció, sino que fue Jean Michelet en su Journal del 30 de janvier de 1842 (Steinberg, 2003). Para una humanidad capturada en la jactancia del progreso civilizatorio, la fecha resulta estremecedora y pionera de la palabra creadora como factor terapéutico.

Escojo esta cita pronunciada hace más de un siglo y medio, porque va en la dirección pertinente y precisa de desmedicalizar el problema del trauma masivo, de tender un puente en el abismo aparentemente infranqueable entre los universos simbólicos de quienes han vivido y no han vivido el horror de la experiencia concentracionaria o del genocidio frío y a veces imperceptible de la exclusión, que tantas veces tratamos con el recurso de la "distracción cortés". Escojo esta cita porque apunta a romper la dicotomía falaz de que hay afectados e indemnes de esta noxa inexorable y temible que la civilización sigue produciendo, -como argumenta Z. Bauman en sus "Wasted Lifes" (*Vidas desperdiciadas*) y en "Modernidad y Holocausto".

Escojo esa cita porque apunta, reitero, a establecer un espacio humano – compartido y coloquial – donde había ajenidad y desconocimiento (incluyo a la medicalización como apuntando en esa dirección), y porque sitúa o reubica el trauma masivo en dos ejes esenciales: La condición hablante del ser humano y su imperativo de transmisión entre generaciones. Estamos convencidos de que, más aquí y más allá del trauma, son imprescindibles al menos tres generaciones para construir y modelar el perfil de un ser humano, Que nuestro nacimiento no es sólo producto de la unión de un óvulo y un espermatozoide, ni la dotación genética que le es inherente, sino que somos herederos y mensajeros o portavoces del deseo parental y de sus prohibiciones, sean estos explícitos o inconscientes, y es a través de ellos que llegan las claves y mandatos del lenguaje y la cultura. O por decirlo con palabras de Marc Auge en "Antropología de la vida cotidiana": "*El par naturaleza – cultura es indisoluble en la condición humana y coextensiva a su condición de hablante. No hay dicotomía entre el hombre individual y el hombre cultural. La identidad individual es en y por la relación con otros hombres. La relación con el otro puede ser de exterioridad, (el otro como distante y externo) o de proximidad participante (empatía e interioridad).*"

La observación panóptica reificante o el establecimiento de un campo dialógico son las alternativas opuestas donde se juega un encuentro o un desencuentro entre seres humanos. La comprensión de los efectos y consecuencias del trauma y la exclusión sólo son un capítulo, (relevante y crucial, sin duda) de esta lógica en la génesis de la condición humana que nuestra clínica a veces desconoce. Sólo nos humanizamos a través de pertenencias y lealtades conflictuales con nuestros ancestros y contemporáneos, al interior de una lengua y una cultura, en continuidad o ruptura con la tradición, tramitando dolores y alegrías de nuestros ascendientes y constituyendo un espacio propio que iremos trasmitiendo a nuestros descendientes. Como lúcidamente postula H. Arendt, "*hay que abandonar la noción de Identidad humana como mismidad autoreferida: La humanidad de los hombres sólo hace relieve en el marco de copertenencia al mundo de otros hombres*"

Dice Imre Kertesz (1998):

> *El historiador francés Renan, gran experto en la cuestión, señala que ni la raza ni la lengua determinan una nación; los hombres perciben en su corazón que sus pensamientos y sentimientos son afines, como lo son sus recuerdos e ilusiones. Yo, sin embargo, me di cuenta muy temprano que recordaba todo de otra manera y que mis ilusiones se distinguían asimismo de aquello que la patria exigía de mí. Esta diferencia considerada vergonzosa ardía en mí como un secreto y me excluía del altisonante consenso a mí alrededor, del mundo unánime de los hombres. Cargaba mi yo con un sentimiento de culpa y con una sensación de conciencia escindida hasta que –mucho más tarde- me percaté de que no era una enfermedad, sino más bien salud, y que cualquier pérdida quedaba recompensada por la lucidez y la ganancia espiritual. Vivir con un sentimiento de desamparo: hoy en día, es probablemente el estado moral en que, resistiendo, podemos ser fieles a nuestra época.*[2]

Como decía Freud: "*los escritores saben más que los psicoanalistas*", y la cita del premio Nobel de Literatura, podría escribirse como el objetivo de un proceso terapéutico.

2 Universitaire Beyrouth, Liban. Conferencia de Kertész, Imre: "Pátria, lar, país".

Es en estas coordenadas – y no en la disyuntiva entre el silencio o la estridencia de los síntomas – que se juega el proceso elaborativo de trauma y la exclusión, que no son enfermedades del aparato psíquico de un individuo, sino enfermedades del lazo social. Porque no es lo mismo transitar y tramitar el legado jubiloso con que se supone la especie humana acoge y prodiga a sus retoños; que ser heredero del oprobio, la humillación y la vergüenza de los ascendientes mancillados.

Hace ya un siglo, en *Tótem y Tabú*, Freud anotaba que ningún acto significativo de una generación, más aún si es infamante u oprobioso, podía ser ocultada a la siguiente. La intimidad familiar es la caja de resonancia que amplifica la peripecia del dolor interior del traumatizado. El asedio recurrente de un origen vergonzoso y humillante transita sin fin a lo largo de las generaciones, como apuntaba sagazmente Michelet, hace siglo y medio. La noble tarea de nuestras instituciones solidarias y de nuestros consultorios, siendo necesaria no es suficiente. No se trata del uso mediático de la tortura y del genocidio como espectáculo del horror, conmovedor pero espectáculo al fin, se trata de vencer el escándalo y la repugnancia que nos da el devolver a la luz, a la escena pública, una de las facetas más abyectas de la que nuestra especie es capaz. Es que lo que llamamos progreso civilizatorio se desplaza a veces en la dirección de un retorno a la barbarie. La comunidad concernida, no sólo como espectador indiferente sino como testigo comprometido o cómplice por omisión, es el polo que triangula la tarea de reparación, que no sólo nos concierne como profesionales sino como ciudadanos. La sensibilización masiva por la denuncia del crimen en eventos como este, es tan reparador y terapéutico como el empeño de nuestra clínica. Tarea de largo aliento, quizás interminable. Recuérdese como la pequeña primera edición de la "Especie Humana" de Robert Antelme insumió más de una década en agotarse, para luego trocarse en una lectura ineludible. Las leyes de impunidad y punto final sofocaron la memoria pública durante décadas en América Latina. Hubo largos años en que sólo unos pocos abordábamos estos temas y el gemido de las víctimas era tratado en la ajenidad, cuando no con burla y con odio por la mayoría bienpensante. Hoy, un pujante movimiento de derechos humanos, de justicia y condena a los crímenes de lesa humanidad recorre el continente y el planeta y se ha institucionalizado en la Convención Internacional por la abolición de la Tortura, y el Tribunal de La Haya para crímenes de lesa humanidad, con la excepción de Bush y sus secuaces.

Todos sabemos la importancia y los límites de este tipo de instituciones, como asimismo el de la masa anónima militante que llamamos opinión pública mundial. Quiero terminar con la moraleja ya sabida de que el horror del trauma crece en la oscuridad del secreto y la impunidad y declina cuando asumimos la responsabilidad y el riesgo de su denuncia aún con el estremecimiento del escándalo y la impudicia. Termino con el epígrafe del libro de mi amigo Daniel Gil "*El terror y la tortura*", donde evoca un proverbio chino: "*Hay temas que no le gustan a nadie. A mi tampoco*"

Referencias

Altounian, J. (1990). *Les chemins d'arménie*. Les Belles Lettres.

Antelme, R. (1996). *La especie humana*. Trilce.

Gómez Mango, E. (2004). *El llamado de los desaparecidos: sobre la poesía de Juan Gelman*. Cal y Canto.

Kertész, I. (1998). *Un instante de silencio en el paredón: el holocausto como cultura*. Herder.

Levi, P. (1988). *Si esto es un hombre*. Proyectos Editoriales.

Puget, J. & Kaës, R. (comp.). (1989). *Violence d'état et psychanalyse*. Dunod.

Puget, J. & Kaës, R. (2006). *Violencia de estado y psicoanálisis*. Lumen.

Semprún, J. (2002). *La escritura o la vida*. Tusquets.

Steinberg, P. (1996). *Chroniques d'ailleurs*. Ramsay.

Steinberg, P. (2003). *Traumatismes et ruptures: colloque international Conseil des eglises du Moyen Orient*. Conseil des eglises du Moyen Orient.

Viñar, M. y M. (1989). *Exil et Torture*. Denoël.

Comentário em homenagem ao autor Marcelo Vinãr

Fernando Orduz

El campo de reflexión que nos ofrece la hipótesis de Marcelo Viñar oscila en el marco de ese eje que señala con la cita de Marc Augé: "El par naturaleza–cultura es indisoluble en la condición humana y coextensiva a su condición de hablante. No hay dicotomía entre el hombre individual y el hombre cultural". Par antitético que al interior del campo psicoanalítico ha sido formulado con otras metáforas como el par Pulsion-Otro, o la idea de la cinta de Moebius donde lo externo deviene interno y viceversa.

En un principio, en el pensamiento freudiano, y como consecuencia del paradigma de la positivización de la ciencia de finales del XIX y principios del XX, la disciplina psicoanalítica tendió a encuadrar la validez de sus conceptos en los hallazgos biológicos, enunciados que en la época operaron como *arké* o principio explicativo de las acciones humanas.

Esa perspectiva podría tener un matiz peligroso, en mi concepto, pues buscan causalidades biológicas unidimensionales como origen de las acciones humanas y tienden a dar un matiz peyorativo, negativo, a las especulaciones dialectales de las ciencias humanas. La comprensión de la subjetividad humana se basa, desde esa explicación, en una sociobiologización que reduce los sistemas humanos a leyes o regularidades que nos asemejan a un protocolo algorítmico.

Esto no implica negar la importancia o la incidencia de los factores naturales, innatos o constitucionales, sino señalar el peligro de considerarlos la base explicativa esencial, y en ocasiones única, de lo humano. Hasta las mismas palabras en nuestra disciplina se validan si provienen de los campos de las ciencias denominadas exactas, como bien lo muestra Viñar en su precisión sobre la noción de resiliencia.

En esa biologización de lo humano, Viñar nos señala otro riesgo, la tendencia del pensamiento a realizar taxonomías. Este sistema de clasificación y organización del universo, conlleva un uso de la palabra a la manera de un pensamiento obsesivo que ordena y reparte diferencias y similitudes, para construir síndromes y catálogos de síntomas y signos, pero pierde la capacidad narrativa polivalente de la palabra.

El cuerpo y sus síntomas, desde la perspectiva positiva de la ciencia, es considerado como un dato, al cual continuamente se lo está analizando numéricamente. En la interacción médico paciente ya no hay un diálogo, no hay una lectura de los símbolos expresados por el paciente en relación a su dolor, ni una interpretación de lo que indican los signos de su cuerpo. En la perspectiva médica contemporánea pareciera que el sujeto vale por lo que diga la estadística y la cuantificación de las sustancias y los elementos que componen la materialidad de su cuerpo.

Esa perspectiva me lleva a pensar que hay una lectura psicoanalítica sobre el trauma que lo define como un quantum de energía, una cantidad, que sobrepasa al yo en su posibilidad de asimilación. Si se hace hincapié en ese aspecto se deja de lado la capacidad historizante de la palabra.

Es sobre esta dimensión histórica que la lectura del texto de Marcelo Viñar nos abre a otra perspectiva, donde la dimensión del otro y la posibilidad narrativa de la palabra, abren una mirada alternativa. El trauma social nos permite una comprensión donde podemos observar como el sujeto es afectado por la acción del otro, el otro como individuo, el otro como grupo, el otro como estructura social.

La comprensión sobre el trauma, mas que una explicación cuantitativa energética, nos debería llevar a pensar en los efectos que causa la violencia de la acción del otro a través de prácticas que implican la intimidación y el horror. Uno de los efectos más representativos del acto violento social, estaría en la gestación del silencio de las víctimas y en la imposición de un sentimiento de miedo permanente.

Este planteamiento de Viñar podría encontrar eco en la concepción freudiana sobre la segunda tópica, donde Freud abre la puerta para estudiar la comprensión que los efectos de la cultura, vía pulsión de muerte, generan en la constitución de lo humano.

Fruto de la experiencia de la primera guerra, Freud nos trae una perspectiva algo pesimista sobre los impulsos destructivos del hombre. Teoría que nos permite pensar sobre la forma en como el otro social tiende a un ejercicio excluyente y violento sobre aquel que porta una diferencia. Masacres, genocidios, barbarie, tortura, son algunas figuras del mal que operan desde ciertas estructuras sociales para eliminar la diversidad de otros grupos sociales o de otros individuos que representan esa diferencia (recordemos la masacre armenia, judía, gitana).

Las figuras del mal que enuncia Marcelo me hacen recordar otras que en mi país (Colombia) son frecuentes: el desplazamiento masivo de población, el secuestro, el reclutamiento de niños por parte de los actores armados, los falsos positivos, los terrenos sembrados de minas antipersonales, todo ese ejercicio de la fuerza bruta que pretende dominar la capacidad dialectal humana. *No hay palabras para narrar lo sucedido*, esa frase es una expresión permanente en las víctimas de mi país, en todas estas situaciones.

Los falsos positivos ha sido una práctica permanente en el conflicto armado de mi país. Ciudadanos del común eran asesinados y se los hacía pasar por guerrilleros caídos en combate. No solo había que ganar la guerra, había que hacer creer que se ganaba recurriendo a la limpieza social de jóvenes cuyo único pecado era ser eso, jóvenes. La carga simbólica de asesinar el futuro para privilegiar y conservar el statu quo de las convicciones de la generación adulta.

Nuestras formas de relacionarnos con los que se nos oponen con su diferencia se tiñen del *homo homini lupus*, devoramos o destrozamos a nuestros congéneres que nos ofrecen otros colores de piel u otras formas de pensar, repetimos compulsivamente el fraticidio de Cain. Al parecer hemos dado un privilegio a la guerra y a la violencia social como una forma de dirimir conflictos, hechos que acaban afectando de una manera estructural el desarrollo y la constitución de muchas subjetividades.

Un signo de esta situación está dado por la forma en como la palabra pierde su dimensión dialogal y acaba encerrada en la sombra y el silencio, como dice Viñar citando a Gomez Mango: "el terror enmudece y encierra a la víctima en su dolor y en su silencio".

La invitación del texto de Viñar a una recuperación de la palabra que nos permita salir de ese espacio sin voz y sin memoria, me hace recordar el relato que hacía Ray Bradbury en su famosa novela *Farenheit 451*. La trama de la historia refleja la decisión de un gobierno totalitario que insta a quemar la totalidad de los libros, frente a esa orden un grupo de profesores decide memorizar cada uno un libro y con ese recuerdo se podrá reconstruir la sociedad que sobrevivió a la violencia mortal del régimen totalitario.

Algo similar ocurrió con la reconstrucción de Varsovia tras la segunda guerra mundial, la cual fue posible gracias, entre muchas otras cosas, a la memoria de las obras del pintor Veneciano del ochocientos, Bernardo Belloto, el Canaletto joven.

Esta última anécdota es importante pues permite, también, mostrarnos la importancia de la relación intergeneracional que señala

Viñar en su texto cuando enuncia que: "nos humanizamos a través de nuestras pertenencias y lealtades conflictuales con nuestros ancestros y contemporáneos."

Si el reconocimiento de una acción violenta se pierde en la individualización de su producción y de su víctima, perderíamos el contexto de producción que usualmente remite a la comprensión del lazo social como el lugar en el cual se tejen las venturas, aventuras y desventuras de nuestra constitución humana. La consideración de los síntomas de un individuo también debe ser pensados como la expresión simbólica de un malestar social que hace carne en cada uno de sus portavoces. Una sociedad violenta con el Otro causa de las silentes depresiones, y de los terrores paranoicos, esto sin desconocer que la biología y sus moléculas químicas también aporten lo suyo.

Para Marcelo Viñar hay una esperanza en la recuperación de la palabra y ahí el ejercicio psicoanalítico es fundamental pues nuestra tecné es, de alguna forma, un ejercicio de recuperación de la memoria frente al cáncer de la represión y del olvido.

Parte I

La clínica analítica expandida

3. Gritos del silencio: la escucha analítica ampliada en el trabajo social

Josênia Heck Munhoz, Ivani Teresinha Bressan, Andréa de Andrade Etzberger, Carolina Silveira Campos, Celia Stadnik, Heloísa Cunha Tonetto, Leonor d'Avila Brandão, Luciana Aranha Secco, Luísa Rizzo y Maria Elisabeth Cimenti y Natalia Soncini

En el presente artículo se exponen algunas consideraciones sobre situaciones vividas en las Ruedas de Conversación (RC) por un grupo de psicoanalistas de la Sociedad Psicoanalítica de Porto Alegre (SPPA) en alianza con la Fundación de Proyecto Social. Dichas vivencias sucedieron en una de las unidades del Proyecto, situada en la periferia de la ciudad de Porto Alegre, Rio Grande do Sul, Brasil. Se trata de un proyecto social de la Fundación que atiende a jóvenes con edades de 14 a 18 años, a contraturno del horario escolar y liceal, apuntando a su desarrollo personal y de ciudadanía. Los jóvenes permanecen en la unidad durante seis meses. En el artículo también abordamos situaciones relatadas en las Ruedas de Conversación con grupos de educadores sociales de diferentes estados de Brasil, en la modalidad en línea.

Este trabajo marca nuestro retorno a la atención presencial a los adolescentes tras el período de la pandemia de Covid-19. Realizamos Ruedas de Conversación con los jóvenes buscando crear espacios de diálogo que posibilitaran una escucha psicoanalítica ampliada, polifónica (Figueiredo, 2014). Esta escucha es necesaria para aprehender las diversas voces psíquicas relacionadas a modos de funcionamiento y de sufrimiento emocional distintos, provenientes de las más diversas realidades psíquicas, incluso voces silenciadas por reiteradas condiciones traumáticas importantes (Minerbo, 2014). La escucha, concebida como herramienta, apunta a propiciar intercambios sobre el modo de enfrentamiento de la desigualdad y de la injusticia social. Se constituye así un espacio destinado a la reflexión que nos implica a todos en el proceso y da lugar a un enfrentamiento de nuestras propias vivencias.

La conversación que se establece en esa condición pone a todos los participantes del grupo en contacto con sus propias vulnerabilidades. El analista deberá realizar una inmersión profunda en sus emociones para que un sujeto que históricamente ha sido objeto de una injusticia se sienta (re)conocido. Es imposible realizar ese trabajo, como analista, sin sentirse profundamente conmovido, transformado por las situaciones vividas por los jóvenes, situaciones que, en su mayoría, son inimaginables para nosotros.

Cuando trabajamos en territorios inundados por las injusticias sociales, nos encontramos no solo con problemas materiales propios de la pobreza y con sus efectos en los modos de existencia, sino con los efectos subjetivos de las desafiliaciones sociales. El fenómeno de la exclusión lleva a la no pertenencia al orden simbólico en el cual se tramita y encuentra cabida la filiación social. En ese sentido, Rodríguez (2019) afirma que el colapso de la filiación social en los sujetos hace estremecer ciertos tabúes constitutivos de la civilización. Los efectos genealógicos de la desafiliación, de la exclusión y de la expulsión producen daños a la subjetividad y, con el colapso de los tabúes – incesto, parricidio –, la muerte pasa a estar vigente como algo posible. Como lo anticipó Freud (1912/2006a) en *Tótem y tabú*, la violación a los tabúes provoca el retorno del proceso civilizador a la horda primitiva.

Este trabajo en la unidad del Proyecto se llevó a cabo con un grupo de 20 adolescentes, quincenalmente, y estuvo a cargo de dos parejas de psicoanalistas que se alternaron. En el primer encuentro con el grupo, participaron las cuatro psicoanalistas con la finalidad de presentar la propuesta del trabajo que se realizaría en el período de ocho encuentros. El foco sería crear espacios para que los participantes hablaran de las experiencias vinculadas a las vivencias en el grupo, en la familia y en la comunidad como un todo. Los adolescentes verbalizaron sus expectativas en cuanto al trabajo que se realizaría; unos pocos se "arriesgaron" más que otros y nos hicieron preguntas, además de contarnos un poco sobre su experiencia dentro del Proyecto Social. En el transcurso de la conversación, surgió la propuesta de que construyeran una historia que expresara lo que habían sentido durante el encuentro. Todos se sentaron en círculo. Un joven empezó con la frase "*En un lugar lejano...*" y, entonces, todos juntos, fueron construyendo un relato, aportando cada uno un pedazo. La historia hablaba sobre una villa dominada por un reino. Había brujas, personajes fantasmagóricos, muerte, renacimiento, arcoíris y lluvia de sangre. El relato incluyó luchas entre villas por la disputa del poder. El desenlace sobrevino cuando las personas de una de las villas cruzaron un puente que se derrumbó, pero algunas lograron sobrevivir. Entonces, hubo una lluvia de sangre y todos murieron. La historia terminó con la palabra "*Fin*".

Ese final fue contundente: traumas repetidos. Se hizo un silencio. Una de las psicoanalistas verbalizó, con cierta dramatización: "¡Ay!, ¡sentí *que moría también!*". Algunos jóvenes se rieron y hubo agitación general en el grupo. La narrativa del cuento, que comenzó lejos – "En algún lugar..." –, al desarrollarse, se fue tiñiendo de una crueldad del orden de lo Real de la vida de esos jóvenes: todos mueren, no se sobrevive. De acuerdo con Lacan, "lo real es lo imposible" que "no cesa de no inscribirse".

> *Lo real es aquí lo que vuelve siempre al mismo lugar, a ese lugar donde el sujeto, en tanto cogita [...] no lo encuentra. [...] Más allá de lo que el sujeto repite, lo real que es de él se caracteriza por no ser encontrado, por escapar a la captación del pensamiento (Chemama & Vandermersch, 2007, p. 326).*

En nuestro primer encuentro se desveló un escenario que nos hizo estremecer ante la pregunta: ¿qué nos queda por hacer frente a esta realidad pospandémica, posterior a la situación sociopolítica y económica dramática de Brasil que llevó a un mayor empobrecimiento de la población, sobre todo de aquella parte que vive en los márgenes? Fuimos testigos de la muerte. Profundas carencias. Vulnerabilidades. Desamparos. Como lo resalta Rodriguez (2019), existe una diferencia entre melancolía y desaliento. En la historia construida por el grupo, el desaliento se hizo presente y lo entendimos como algo que decía respecto al futuro: mortificación presentificada. Era lo más genuino que los jóvenes podrían traer en su pedido de socorro. Fue profundamente conmovedor y emotivo.

Cabe señalar que el proceso de elaboración más profundo de este primer encuentro se dio a posteriori, cuando los encuentros habían finalizado. Resaltamos que, en la secuencia de los grupos con los jóvenes, aún no había sido posible poner en palabras la significación traumática que había representado ese primer encuentro para todos nosotros. Todos vivimos un tiempo de silenciamiento, de complicidad con la eliminación, la "lluvia de sangre" que transporta la no supervivencia.

El encuentro posterior sucedió con una de las parejas de psicoanalistas. Al llegar a la unidad, el educador social vino a conversar con nosotras para contarnos sobre el trabajo con los jóvenes. Esa conversación antecedió al principio de la interacción con el grupo y despertó curiosidad en los adolescentes que circulaban por la sala en la que estábamos. Cuando iniciamos el grupo con los jóvenes, sentimos que estaban a la espera de algo, quizás la conversación con el educador podría haber generado desconfianza. Se mostraban desatentos, manipulaban el celular, se movían inquietos por la sala, se reían y hablaban entre ellos. Un joven preguntó si habíamos llevado alguna tarea para ellos. El grupo seguía agitado, sin dejar espacio para ninguna actividad. No nos sentimos escuchadas ni respetadas por ellos. Ante ese panorama, terminamos el grupo antes del horario que habíamos establecido. Salimos del encuentro muy sensibilizadas, con muchos sentimientos abiertos, sueltos, dentro de nosotras. No lográbamos entender, en ese momento, qué era lo que nos estaban comunicando. Una vez más, la inquietud que sintieron las psicoanalistas recién se pudo entender a posteriori. En la discusión con el grupo de colegas entendimos que la "falta de respeto" que habían sentido las coordinadoras comunicaba la falta de respeto que los jóvenes vivían constantemente. Fue necesario un tercero analítico (un grupo de colegas) para entender la contratransferencia del no reconocimiento de la existencia del otro. Entendimos que la imposibilidad de pensar había sido una defensa frente a la impotencia sentida por las psicoanalistas y que las había llevado a anticipar el cierre del encuentro.

En el encuentro siguiente, la misma pareja de psicoanalistas presentó, como estímulo, la canción "AmArelo", de Emicida:

permite que hable
No a mis cicatrices
Creer que esos males me definen
Es el peor de los crímenes
Es dar el trofeo a nuestro verdugo y hacernos desaparecer, sí

Mientras escuchaban la canción, los jóvenes mostraban inquietud, algunos permanecían en silencio, otros preguntaban sobre palabras que, para ellos, no tenían significado. Constatamos la no asociación de significaciones. El grupo no hacía asociaciones significantes. Frente a lo no dicho, les preguntamos qué les resultaba más difícil. Y una voz dijo: "el silencio". A partir de ese momento, el silencio se hizo presente en el grupo. Una vez más, a posteriori, entendimos que la imposibilidad de hablar sobre los males había impuesto el silenciamiento. Pensamos que el silencio los ponía en contacto con sus angustias. Se abría, tal vez, un espacio para ampliar la mente e intentar reescribir la historia y no solo repetir la ya existente.

Una situación relatada por otra pareja de psicoanalistas con el mismo grupo de jóvenes revelaba matices de sentimientos y algunas situaciones vividas por ellos. Era una tarde lluviosa. Cuando llegaron a la unidad, el educador social estaba hablando con los jóvenes en un tono de voz alto y de forma bastante enérgica. Los jóvenes estaban callados. Mientras ellas aguardaban, notaron un clima pesado y un rezongo debido a una provocación dirigida por los jóvenes a otros jóvenes que pasaban por la calle, algo sobre una disputa o rivalidad. El enojo del educador se relacionaba a la "falta de respeto" de los jóvenes hacia la Institución, incluso por el uniforme que vestían en ese momento.

Luego de transcurrido un tiempo, las coordinadoras habían iniciado el grupo. Los adolescentes estaban cabizbajos, callados, expresando la incomodidad que habían sentido. Cuando se los sondeó sobre la relación entre la conversación con el educador y la incomodidad que estaban expresando, los jóvenes la negaron y siguieron en silencio. Las psicoanalistas propusieron, entonces, la lectura de una historia que habían planeado. El libro era *La parte que falta encuentra la O grande,* de Shel Silverstein (2018).

En el momento de contar el cuento, surgieron risas y conversaciones paralelas expresando cierta euforia en el grupo. Algunos hacían comentarios maliciosos a medida que la historia iba avanzando. Las psicoanalistas cuestionaron si la risa se debería a la angustia que había provocado la conversación con el educador o si se relacionaría con "la parte que falta" expuesta en el libro. Una joven respondió que la risa era por un compañero que había "*hecho de todo*" el fin de semana. Aunque les llamamos la atención sobre que ese "todo" comprendería todas las partes que faltan en todos nosotros, los jóvenes siguieron agitados, riéndose de forma eufórica. Ante ese panorama, finalizamos el grupo diciéndoles que estaban lidiando con cuestiones intensas vinculadas a los acontecimientos del día. A la salida, una joven se acercó y dijo: "*No se enojen, no es con ustedes. La actividad nos gustó*". Entendimos, más tarde, que los jóvenes habían intentado encubrir el desamparo que habían sentido ante las reiteradas vivencias traumáticas que habían sufrido. Era la denuncia de la desmentida, de la falta presentificada y de lo peor que podría suceder: el silencio.

En el último encuentro, estaban las cuatro psicoanalistas presentes. Ya al comienzo, algunos jóvenes pidieron que los siguiéramos en Instagram. Las analistas propusieron actividades con canciones y vídeos vinculados a los ritmos preferidos de los jóvenes. La propuesta creó un clima de distensión en el grupo, los movimientos rítmicos acompañaban la música. Un joven se animó a interpretar un *reggae* compuesto entre todos, algunos más participativos, otros, menos. En el transcurso del encuentro, los jóvenes hablaron de lo cerca que estaban de concluir su curso y de la satisfacción de pertenecer al Proyecto Social. Mencionaron que les gustaría quedarse más tiempo en Pescar y tener encuentros más frecuentes. El clima era de cercanía y propiciaba la despedida. Los jóvenes repitieron el pedido de que los siguiéramos en Instagram y también nos preguntaron si podían seguirnos. La impresión que transmitían era de esperanza, esperanza de salir de un lugar silenciado y silencioso, esperanza de sembrar algunos lazos que condujeran a una mayor humanización.

En otro contexto vinculado a las Ruedas de Conversación con educadores sociales, surgió una situación en la cual un educador habló sobre una joven que tenía dificultad de relacionarse en el grupo. Era provocativa, arrogante tanto verbalmente como en su forma de actuar y, a veces, se mantenía ajena a las actividades propuestas. Dijo: "Le agarré fastidio. No la aguanto más". Las psicoanalistas trabajaron con el grupo en el sentido de pensar qué podría estar provocando ese sentimiento de repulsión. El educador refirió que se sentía culpable por la incomodidad que se había generado y por la rabia que sentía y que necesitaba compartir la situación con el grupo. Todos se identificaron con la situación narrada. Mencionaron la importancia de ampliar la mirada y la escucha en el sentido de entender los diferentes significados en las actitudes de enfrentamiento y negativas de los adolescentes. Referimos que sentimientos como rabia, intolerancia y odio forman parte de lo humano y que están presentes en todos. Reforzamos la importancia de que los educadores escuchen y estén atentos a los propios sentimientos, pues también desvelan al otro. Al final, el grupo estuvo de acuerdo en cuanto a la necesidad de sostén y contención frente a las dificultades y sufrimiento de los jóvenes, resultantes de las situaciones de reiteradas vulnerabilidades.

Minerbo (2020) advierte sobre la idea de limbo, citando a Winnicott: "es una alegría estar escondido, pero un desastre no ser encontrado" (p.283), que nos remite directamente a cuando estamos en el trabajo con la comunidad. En las vivencias con los jóvenes, podemos notar que sus identidades muchas veces no se toman en cuenta y esto los sitúa en un no lugar, en una condición de no existencia frente a sus semejantes, en el limbo. Estar en el limbo es peor que la muerte; es estar sin significado para el otro.

Lo diferente en el otro, algo que asusta al desorganizar la ilusión de las certezas, se puede revelar enriquecedor en el momento en el que posibilita el contacto con nuevas visiones de mundo y con otras formas de lidiar con realidades tan difíciles.

El poeta nos recuerda:

Hay un gran silencio que está siempre a la escucha...
Y empezamos a decir inquietantemente cualquier cosa,
cualquier cosa, lo que sea,
desde la duda corriente sobre si hoy llueve o no llueve,
¡hasta tu duda metafísica, Hamlet!
Y, para siempre, mientras hablamos, hablamos, hablamos
el silencio escucha...
y calla.

(Mário Quintana, 2013)

Pensando un poco más sobre la adolescencia, franja etaria de nuestros jóvenes, Jeammet (2009) refiere que la adolescencia es un momento privilegiado de expresión pulsional de la agresividad y de la sexualidad. En ese sentido, no se puede pensar fuera de la cuestión de la identidad de los límites, del miedo a la absorción o al abandono por parte de las personas investidas. Esta etapa de la vida puede favorecer el surgimiento de una tensión en virtud de la contradicción de deseos. El adolescente vive la paradoja de afirmar su autonomía y, al mismo tiempo, recibir de los adultos, sobre todo de sus padres, la fuerza y la seguridad interna que le faltan o que aun no están consolidadas. Para el autor, el peso de las restricciones, ya sean biológicas o sociales, restituiría al yo un lugar central en el control de esas mismas restricciones. La capacidad de enfrentamiento del yo o, al contrario, su vulnerabilidad con respecto al desbordamiento traumático, son una problemática esencial en la conflictiva de los adolescentes.

Cuando nos enfrentamos con una vulneración tan grande del ambiente, nos sentimos profundamente afectados y, a veces, enmudecidos. Ruidos y silencios ensombrecen nuestra labor. Un sinfín de veces silenciamos, desmintiendo el inmenso dolor. El pavor de los ruidos ensordecedores y de los silencios agonizantes se apodera de nosotros y nos desacomoda cuando presenciamos historias de vida impensables para nosotros hasta ese momento.

Ir al campo de los vulnerados y desamparados, sentir sus olores y ruidos extraños, notar los desastres de sus vidas, como lo observa Fonseca (2017), revela la extrañeza con la que enfrentamos el mundo de nuestro otro. Nada allí combina con nuestras concepciones: los posibles incestos, agresiones sexuales y delitos — relatados o presentidos —, violencias desmedidas y sufrimiento por todos lados. Ante ese panorama, nos preguntamos: ¿cómo puede pasar todo eso? ¿Qué podemos hacer nosotros, como testigos, frente a situaciones tan devastadoras?

Freud (1930/2006b), en *El malestar en la cultura*, reitera que el hombre primitivo, para vivir en sociedad, necesitó cambiar una parcela de felicidad por una parcela de seguridad. Ese sacrificio es el que habría dado origen a la sublimación de las pulsiones sexuales y agresivas, permitiendo la formación de lazos sociales. Así, habría garantía de una convivencia social con menor violencia. Sin embargo, observamos que, en las poblaciones excluidas socialmente, el sostén y la contención de los lazos sociales se vuelven frágiles, dando paso a la agresividad y a la violencia.

En el libro *Torto arado*, el escritor Itamar Vieira Junior (2019) narra historias de familias que viven en un pueblo del *sertão* brasileño [región agreste y árida del interior de Brasil]. La historia es contada por voces femeninas que, al mezclar sus propios dolores al relato, van borrando las demarcaciones del tiempo y nos hacen entender que las luchas de ayer y de hoy son las mismas.

En un pasaje de la narrativa, leemos:

> *Casi desistí en ese exacto momento, pero la imagen de Sr. llevando nuestro sustento, el hambre y la improvisación que se sucedieron para que hiciéramos nuestra comida*

> *más tarde, me dieron la firmeza necesaria para proseguir. Entre las cosas que llevaba, y tal vez la que más me lastimaba, era mi lengua. Era la lengua herida que había expresado en sonidos durante los* últimos *años las palabras que deberían decirse. Y que incontables veces habían librado de la prisión que puede ser el silencio (Vieira Junior, 2019, p. 87).*

¿Cómo podemos volvernos sujetos de nuestro discurso y con derecho a que nos escuchen?

Entendemos que solo nos volvemos sujetos frente al otro si somos reconocidos. Cuando excluimos y silenciamos a las personas que viven al margen nos rehusamos a reconocer sus existencias. ¿Cómo un sujeto cuyo Ser no ha sido reconocido podrá sostener los lazos sociales? El acto de excluir es una forma profunda de violencia, de la compulsión a la repetición del abandono, y desmiente la importancia de los lazos sociales que nos humanizan.

Para Barthes (1986), filósofo francés: "La orden de escucha es la interpelación total de un individuo hacia otro: se sitúa por encima del contacto casi físico de ambos individuos [...] crea el *transfert*: '*escúchame*' quiere decir: *tócame, entérate de que existo*" (p. 249). La escucha habla; es una escucha psicoanalítica ampliada, una escucha polifónica que interviene.

Conceição Evaristo (2020), en sintonía con Barthes, habla de los infinitos sonidos de la vida, infinitos sonidos de lo humano, cuando escribe:

> *[...] Oigo mucho de la voz otra, hago la mía, las historias también y en el casi goce de la escucha, seco los ojos, no los míos, sino los de quien cuenta. Y, cuando de mí una lágrima se hace más rápida que el gesto de mi mano que corre sobre mi propia cara, dejo al llanto vivir. Y después*

> *confieso a quien me cuenta que emocionada estoy por una historia que nunca oí y nunca imaginé para ningún personaje encarnar (p. 7).*

La escucha psicoanalítica es nuestra herramienta esencial en las "Ruedas de Conversación" con la comunidad. Por medio de ella, buscamos crear espacios de diálogo con los adolescentes y educadores sociales para que hablen de sus dolores, anhelos, miedos y sueños, afectados por las profundas distorsiones provocadas por la desigualdad y la injusticia social.

Esperamos que puedan pensar y reflexionar sobre la realidad en la que viven, las condiciones socioeconómicas, educativas a las que están sometidos y la necesidad de enfrentarlas para volverse sujetos, protagonistas de sus vidas y no "sujetados".

Esto remite a Marcelo Viñar (2018), quien enfatiza la importancia de que el Sujeto sea sujeto de su experiencia como condición de superación de su propia marginalidad. Reapropiación del cuerpo y de la voz en primera persona del singular y del plural. ¡Estar al margen es no tener derecho a tener derechos! Pensamos que "estar al margen", con su derecho desapropiado, imposibilita el establecimiento de la alteridad necesaria para la afirmación de un sujeto.

Figueiredo (2014) enfatiza en qué medida nuestro quehacer psicoanalítico debe encontrar una apertura para abarcar esas cuestiones:

> *El camino de las prácticas analíticas siguió hacia una concepción cada vez más compleja de escucha en pro de la expansión de las capacidades de la atención analítica de variadas formas de sufrimiento psíquico (p. 123).*

El psicoanalista es convocado, como lo afirma este autor, a expandir su escucha, adaptando sus vivencias a otras realidades; esas vivencias tienen que alfabetizarse y penetrar en códigos y metamensajes desconocidos, individuales y grupales. Eso demanda una profunda reflexión sobre la realidad social en la que vivimos, sobre quiénes somos, en quiénes nos convertimos y sobre los privilegios – o las desventajas, carencias – derivados de nuestro "lugar" en los estratos sociales.

Momento de concluir

El psicoanálisis se da por medio de la palabra y esto nos remite a su esencia, que se da por la escucha. Sin la escucha analítica, no se instala una situación de análisis. Cuando esta se instale y podamos intentar escuchar hasta los ruidos provenientes del silencio, podremos contar con la producción de posibles procesos de transformación.

Creemos que la convivencia social con poblaciones vulneradas nos sitúa como testigos de historias de familias con sus niños y adolescentes intensamente marcados por la imposibilidad del ejercicio natural de su desarrollo como los ciudadanos que son al ser despojados del derecho a la inclusión, a la cultura y a la vida.

Salir de la posición de sordera frente a los gritos silenciados nos ofrece la oportunidad de convivencia con el otro diferente a nosotros en nosotros mismos y que sufre con el sufrimiento del otro. La escucha de lo sofocado, del gemido de dolor que no sale, nos posibilita el acceso a nuestro ser "sujetado", sujetos, como somos, de una sociedad excluyente. Solo podremos oír los ruidos silenciados a medida que reconozcamos esos ruidos en nosotros. Escuchamos y no oímos, como lo refirió, aludiendo a otro sentido, una educadora social: *necesitamos mirar con ojos de ver*.

Silencio.

Así como del fondo de la música

brota una nota

que mientras vibra crece y se adelgaza
hasta que en otra música enmudece
brota del fondo del silencio
otro silencio, aguda torre, espada,
y sube y crece y nos suspende
y mientras sube caen
recuerdos, esperanzas,
las pequeñas mentiras y las grandes,
y queremos gritar y en la garganta
se desvanece el grito:
desembocamos al silencio
en donde los silencios enmudecen.
(Octavio Paz, 1998, p. 21)

Referencias

Barthes, R. (1990). *O óbvio e o obtuso: ensaios críticos* III, (Tradução de Léa Novaes). Nova Fronteira.

Chemama, R. & Vandermersch, B. (2007). *Dicionário de psicanálise.* UNISINOS.

Evaristo, C. (2020). *Insubmissas lágrimas de mulheres.* 4 ed. Malê.

Figueiredo, L. C. (2014). Escutas em análise / Escutas poéticas. *Revista Brasileira de Psicanálise*, *48*(1), 123-137.

Fonseca, T. G. (2017). Sísifo em nós. Considerações a respeito de parcerias da SPPA com a comunidade. *Revista de Psicanálise da SPPA*, 24(2), 341-356.

Freud, S. (2006a). Totem e Tabu. In S. Freud. *Edição standard das obras psicológicas completas de Sigmund Freud* (Vol. 13). Imago. (Trabajo original publicado en 1912).

Freud, S. (2006b). O mal-estar na civilização. *Edição standard brasileira das obras psicológicas completas de Sigmund Freud* (Vol. 21). Imago. (Trabajo original publicado en 1930).

Jeammet, P. (2009). A adolescência hoje, entre liberdade e imposição. *Revista de Psicanálise da SPPA*, *16*(2), 219-234.

Minerbo, M. (2016). *Diálogos sobre a clínica psicanalítica*. Blucher.

Minerbo, M. (2020). Transferência e contratransferência. 2 ed. Blucher.

Paz, O. (1998). Silêncio. *Antologia poética: 1935-1975*. (Organização e Tradução de Luis Pignatelli). 2 ed. Dom Quixote.

Rodríguez, C. (2019). A cultura da desigualdade e os ofícios do laço. *Revista de Psicanálise da SPPA*, 26(3), 433-441.

Silverstein, S. (2018). *A parte que falta encontra o Grande O*. Companhia das Letrinhas.

Vieira, J. I. (2019). *Torto arado*. Todavia.

Viñar, M. N. (2018). *Experiencias psicoanalíticas en la actualidad sociocultural: cómo nos cambia un mundo que cambia*. Centro de Publicaciones Educativas y Material Didáctico.

4. Abordaje de las patologías graves en la infancia

Carlos Tewel

El problema de las patologías graves en la infancia conlleva distintas dificultades en relación a su abordaje. Tal como señala Ajuriaguerra (1973) en su clásico Manual de Psiquiatría infantil, las psicosis infantiles son desconocidas como entidades y descriptas bajo formas diversas y aisladas entre sí. Esto se debe a la falta de una descripción inicial – en la historia de la psiquiatría – como cuadros psicopatológicos diferenciados de los de los adultos, y la separación en formas particulares por distintos autores, que los lleva a aislar cuadros que podrían analizarse conjuntamente. En 1943 Leo Kanner individualizó un síndrome particular, llamado "autismo precoz del niño".

Consecuentemente a las dificultades nosológicas de estos cuadros, veremos más adelante que los tratamientos propuestos bajo distintos modelos de atención también conllevan considerables variaciones.

Kanner propuso este síndrome diferenciándolo de la esquizofrenia que tenía comienzo en la infancia en relación al intenso aislamiento del sujeto y el desapego del ambiente durante el primer año de vida, y a su vez separándolo de la oligofrenia al considerar que había una buena potencialidad intelectual (Ajuriaguerra, 1977, p. 674).

Anteriormente el término "autismo" había sido propuesto por Bleuler en 1911, a fines de designar la pérdida de contacto con la realidad y la dificultad de comunicación con los otros; pero es recién a partir de la descripción de Kanner (1943) que se desprende la noción del autismo precoz (o autismo infantil) como forma diferenciada con particularidades propias.

Por otra parte, las contribuciones de Winnicott (1965), Mannoni (1971), Diatkine (1975), Tustin (1975), Bettelheim (1976), Mahler (1977), Misès (1977), Aulagnier (1977), Meltzer (1979) nos hablan de una preocupación intrínseca al ámbito del psicoanálisis durante la década de 1970, período en el cual se sentaron las bases para las teorías y abordajes actuales del tratamiento de niños severamente perturbados que retomaremos más adelante. Nos interesa hacer énfasis en las distintas formas del tratamiento para estas primeras descripciones de las psicosis infantiles, y particularmente para el autismo infantil.

Si bien las formas de tratamiento iniciales que se han realizado con estos niños ya no son utilizadas (las llamadas terapéuticas biológicas, como electroshock e insulinoterapia), en la actualidad se combinan los tratamientos químico-psiquiátricos (con el objetivo de un efecto antipsicótico y de acción sobre la ansiedad y la agresividad) con distintos abordajes de carácter psicoterapéutico.

Coincidimos con Ajuriaguerra (1977, p. 714) al pensar que la mejor solución sería la conjunción de los tratamientos farmacológicos, educativos y psicoterapéuticos; si bien se requieren ciertas precisiones en relación a estos últimos, ya que pueden ser de distintos tipos, enmarcados en una institución o en el ámbito de la consulta privada, incluyendo a los padres o aislando a los niños, y modificando los encuadres de acuerdo a las teorías psicológicas que se encuentran en sus fundamentos.

Según Ajuriaguerra (1977), en relación a las terapéuticas institucionales, se dieron dos "actitudes teóricas": una postula que el niño debe quedar con la familia y seguir un tratamiento en una institución durante el día; y otra, propuesta por Bruno Bettelheim en la Escuela Ortogenética de Chicago (1967), considera necesaria la separación del niño de su familia, ya que ésta era vista, desde su mirada psicoanalítica, como el entorno desfavorable primordial para el desarrollo de la patología infantil, considerando necesario un abordaje alejado de la actitud de "domar" a estos niños (Bettelheim, 1977).

Esta disyunción entre las instituciones dedicadas a los cambios conductuales que favorecerían una adaptación del niño al medio en el que vive, y las instituciones dedicadas al abordaje de la singularidad de cada niño en relación con su constitución subjetiva y la relación con los demás, permite proponer en esta tesis un enfoque original y novedoso partiendo de la pregunta ¿cómo es que una institución psicoanalítica dedicada al abordaje de niños severamente perturbados, permite desarrollar ciertos elementos que van en la línea con el desarrollo subjetivo del niño, alejándose de los abordajes estrictamente conductuales?

Este interrogante guarda relación con los antecedentes ineludibles en relación al abordaje institucional psicoanalítico de estos niños severamente perturbados: el trabajo realizado por Bruno Bettelheim en la Escuela Ortogénica de Chicago (1947-1973), que ya ha sido mencionado, la propuesta de Maud Mannoni en Bonneuil, Francia (1969), a partir de la noción de institución estallada, la creación de L'Antenne 110 de Bruselas (1974), la clínica entre varios (Di Ciaccia) y la clínica de lo cotidiano (Di Marco & Favre).

Es necesario tener en cuenta que estos modelos institucionales son de mediados del siglo pasado. ¿Cuáles son las posibles articulaciones entre las formas de tratamiento basadas en estos modelos institucionales y el abordaje terapéutico propuesto en esta tesis? ¿Cuáles son los puntos en común y sus diferenciaciones?

Si bien coincidimos con Bettelheim en la necesidad de ofrecerle al niño severamente perturbado cierto entorno que le permita salir de su aislamiento, consideramos que éste no puede realizarse sin la presencia de sus propios padres y otros significativos. Evitando culpabilizarlos, se intenta integrarlos en los movimientos educativos y terapéuticos de la institución. Acordamos con los lineamientos de la institución estallada de Mannoni que tienen como punto de contacto la apertura de la institución hacia el exterior, favoreciendo una integración que no se lograba en la Escuela de Bettelheim.

Sin embargo, es necesario considerar que también las reglas institucionales (Kaës, 2002) son útiles para el desarrollo del psiquismo. Para poder entender la particularidad del marco de tratamiento en el cual participan los casos que serán presentados en la tesis, desarrollaremos brevemente las características del trabajo en el CET.

Cuando los chicos llegan derivados a la institución por lo general ya han recorrido un largo camino de consultas profesionales debido a los trastornos en el desarrollo, problemas comunicacionales, dificultades para incorporar alimentos o para controlar esfínteres, etc. En algunos casos, los jóvenes han hecho un primer paso en el camino escolar tradicional, y la escuela o el jardín de infantes los deriva ya que no pueden sostener su participación en las clases: señalan que no responden a las consignas, son agresivos/as, no se comunican verbalmente, etc. Las dificultades de las instituciones educativas en poder integrar a estos jóvenes finalizan en una derivación al CET, que los recibe a una edad aproximada de 4 años en adelante (cuando son enviados a través de la derivación de la escuela o el médico pediatra). El objetivo del CET es poder brindar a los chicos un espacio donde poder constituir el propio Yo y el reconocimiento del otro, es decir, que puedan ir diferenciando adentro/afuera, yo/no-yo, endogamia/exogamia, lo prohibido/lo habilitado, lo íntimo, lo privado y lo público.

Como hemos mencionado, la perspectiva de trabajo es psicoanalítica, y esta impronta puede observarse en todas las actividades de la institución, ya que se reconoce al niño como sujeto, y se apela al psicoanálisis para todas las intervenciones, a través de la escucha. En el CET se trabaja mediante la delimitación de espacios diferenciados, en distintas salas en donde se realizan actividades coordinadas por psicólogos, psicomotricistas, psicopedagogos, musicoterapeutas, terapistas ocupacionales, fonoaudiólogos, y profesores de educación física. Los horarios y las actividades están delimitados de acuerdo a las características de los jóvenes y los objetivos que se plantean para determinado período de tiempo. Por la mañana, los espacios son fijos y se trabaja siempre en la misma sala, en los mismos horarios, y con el mismo profesional a cargo. Durante la tarde, se realizan talleres de cocina, de teatro, de títeres, de habilidades sociales, de aprendizaje de lectoescritura, actividades manuales, jardinería, etc. Estos talleres son móviles, no fijos, y responden a la necesidad y al modo de cada chico de vincularse con el espacio. Si bien por la mañana los jóvenes están asignados para participar en determinadas salas todos los días de la semana, los profesionales son flexibles a la hora de considerar situaciones particulares (por ejemplo, que uno de los chicos comparta algunas actividades con otra sala). En el CET conviven los objetivos educativos y terapéuticos desde el punto de partida, es decir, desde su denominación y sus objetivos, lo cual propone el tránsito por la tensión que pueda suscitarse en la tarea cotidiana entre los dos tipos de objetivos perseguidos. Consideramos que todos los espacios y talleres de la institución representan una intervención educativa y a su vez clínica. Las intervenciones educativas tienen como objetivo un aprendizaje constante y la posibilidad de acceder a distintas etapas de la constitución subjetiva. La organización sucesiva de distintos objetivos, que pueden ir desde el control de esfínteres, la adquisición de la palabra, la posibilidad de aprender a leer y escribir, va estructurando a los niños en su constitución subjetiva, evidenciando el salto cualitativo desde el ingreso a la institución. Poder aprender, incorporar pautas y conocimientos, apropiarse de su intencionalidad para realizar alguna actividad, por más pequeña que fuese, son causa y a su vez consecuencia del proceso de constitución subjetiva. En efecto, consideramos que opera aquí la recursividad, dado que ambas cuestiones se retroalimentan y no se puede delimitar qué sería causa y/o efecto: si es que la constitución yoica progresiva permite la adquisición de hábitos, y/o si estos hábitos también van moldeando al propio Yo. Por otra parte, es necesario mencionar que todas las intervenciones educativas tienen una base terapéutica, que es la que prevalece. No sólo porque consideramos que la constitución subjetiva se enriquece por estas intervenciones.

La noción de recursividad, propuesta desde las matemáticas, fue retomada por la teoría de la Complejidad para indicar aquellos procesos que están implicados en la propia definición de un problema, y donde no es posible delimitar una causa o consecuencia unidireccional, ya que las consecuencias actúan sobre las causas, y viceversa (Morin, 1997).

Sino también porque el accionar de toda la institución está guiado por un marco conceptual psicoanalítico, que considera al niño en su singularidad y privilegia esta lectura por sobre los objetivos educativos. El dispositivo debe ser pensado en el caso por caso: no hay objetivos comunes a todos los niños de una determinada sala, como en una escuela común, sino que se trata de intervenir para cada uno de los chicos de acuerdo a sus posibilidades y sus reacciones en la tarea misma. La importancia del trabajo en la singularidad es una apuesta ética. No se trata de un aprendizaje simplemente conductual, mediante el cual el niño "haga caso" e interiorice las indicaciones respecto a objetivos tan disímiles como el control de esfínteres o la lectoescritura, entre otras. No se trata de la repetición constante de indicaciones vacías que pueden ir en la línea del sometimiento o de la "domesticación", con propuestas que no vehiculizan modos de hacer algo con lo que irrumpe, lo que escapa al control de la conciencia, generando por el contrario mayor violencia, desborde y desestructuración. Desde el psicoanálisis, proponemos una clínica diferencial de las otras corrientes, en la que se tome en cuenta la subjetividad y la dimensión procesual necesaria para tales modificaciones.

El CET se propone entonces como un dispositivo psicoanalítico que convoca a la familia y a los niños en relación a sus pares, para ir originando cambios paulatinos.

Las funciones del CET pueden ser consideradas desde distintas vías:

- La institución como marco-continente: Esta función, al modo del pensamiento de Bion (1996), se da como proceso de transformación por el cual sensaciones y emociones primarias se vuelven pensables, las evacuaciones pueden ser contenidas dándoles una significación.
- La institución como marco-envoltura: homologando la descripción que hace D. Anzieu (1987) en las nueve funciones del Yo-piel, tomaremos las cuatro primeras: función del mantenimiento del psiquismo, función del sostén contenedor, función de protección anti-estímulo y función de individuación.
- La institución como campo: Entiendo que es de suma importancia el concepto de campo tal como lo pensaban W. y M. Baranger (1969) para aplicarlo al encuadre institucional, en donde se erige el baluarte de cada niño. Entiendo al baluarte como "el refugio inconsciente de poderosas fantasías de omnipotencia". Estas poderosas fantasías limitan la dinámica de la cura porque, si se ponen en escena, el niño/a siente una gran indefensión y vulnerabilidad. Esto hace que la repetición de ciertas conductas sea monótonas y paralizantes.
- La institución como puente: La idea de "hacer puentes" remite entre otras variables, a esa construcción necesaria para llevar a estos niños de esta finitud a la que se encuentra a consideración por parte de una historia familiar. Estas historias familiares contienen núcleos tanáticos que han sido dejados fuera del comercio asociativo inter e intrafamiliar, y que son encarnados por estos

niños. Sin la construcción de estos puentes que permitan reunir los pedazos dispersos de historia, quedan imposibilitados de ingresar en una dimensión temporal, por lo que el niño no puede renovar el pacto de vida con el género humano, quedando excluido del circuito de intercambio simbólico y el ordenamiento generacional. Tal como indica Ferenczi (1997) en Diario clínico: Si creo en las declaraciones de mis pacientes que me cuentan tales estados (estar fuera de sí) este haber "partido" no es forzosamente un no ser, sino solamente "no estar allí". ¿Pero entonces dónde? Nos enteramos que han partido lejos en el universo, vuelan con una rapidez enorme entre los astros, se sienten tan delgados que pasan, sin encontrar obstáculos a través de sustancias más densas, allí donde están no hay tiempo. Pasado, presente y futuro se vuelve presente al mismo tiempo, en una palabra, tienen la impresión de haber superado el espacio y el tiempo.

Referencias

Bettelheim, B. (2013). *La fortaleza vacía*. Laia.

Fabre, A.; & Di Marco, R. (2016). *Variantes de la cura en los dispositivos institucionales*. Letra viva.

Ferenczi, S. (1997). *Diarios clínicos*. Conjetural.

Tewel, C. y otros (2007). *Psicosis y autismo infantil*. Letra viva.

Tewel, C. (2013). *La constitución del yo en niños/as severamente perturbados*. Vergara.

5. Proyecto Travessia: estrategias inventivas y responsabilidad social

Maria Teresa Naylor Rocha, Sonia Verjovsky de Almeida y André Luiz Alexandre do Vale

Vida precaria

En una sociedad caracterizada por la precariedad, se da una situación de pérdida de objetos sociales – empleo, dinero, vivienda, educación, diplomas, bienes, etc. –, que funcionan como fuente de seguridad y mediación en un lugar y tiempo determinados, comprometiendo las funciones de espejo y diferenciación a nivel individual y colectivo. En la respuesta extrema al desamparo social, el desaliento tiende a convertirse en desesperación y consternación, cuya expresión no necesita palabras, manifestándose como una pérdida de poder para actuar sobre el presente y el futuro, con signos defensivos de desocialización y procesos de autoexclusión (Furtos, 2012).

Estamos ante un paradigma de la precariedad de la vida. Esta es una cuestión central en el pensamiento de la filósofa Judith Butler (2015), siendo una categoría clave para comprender los procesos de subjetivación. Su concepción de la precariedad es muy cercana a la comprensión freudiana del desamparo. Según ella, todos los cuerpos son precarios, en el sentido de que siempre somos fundamentalmente interdependientes de muchas maneras diferentes. Dependemos de las redes de otros organismos, de las instituciones, del medio ambiente, de la tecnología – ellos proporcionan las estructuras de apoyo necesarias que nos permiten vivir. No podemos prescindir de estas redes de las que dependemos. Entramos en la vida dependientes de los cuidadores y así continuamos hasta el final.

La precariedad es una condición compartida que concierne a todos. Somos una colección de cuerpos interdependientes que comparten condiciones de vida y vulnerabilidades similares, pero no iguales. De hecho, el reparto diferencial de la precariedad es la principal consecuencia de la política neoliberal a la que estamos sometidos, que favorece la construcción de un mundo excesivamente individualista, competitivo y desconectado, que deja al margen a gran parte de la población.

Todos necesitamos asistencia médica, educación, vivienda, empleo, no ser agredidos en las calles, no sufrir prejuicios ni discriminación. Sin embargo, algunos grupos están más sujetos a distintas condiciones de precariedad que otros. A los más precarios, vistos como desechables, no reconocidos y considerados menos humanos, se les invisibiliza la vida, se les niega el derecho a aparecer, a ser vistos, oídos, tratados como participantes plenos de la esfera pública. Están sujetos a una política de *apartheid* de "guetización" que los segrega y discrimina. Sin embargo, identificar poblaciones más susceptibles al poder, el peligro y la muerte no debe llevarnos a naturalizar estas posiciones.

La pregunta que surge es: ¿reconocemos o no nuestra precariedad y la precariedad de los demás? ¿Ayudamos o no ayudamos a otros con sus necesidades básicas? Necesitamos luchar por organizar el mundo en torno al reconocimiento de estas desigualdades que comprometen, por un lado, la calidad de los vínculos en el tejido social y, por otro lado, precarizan la organización narcisista, la red de identificación, creando desesperanza, vacío y desorganización psíquica.

El desamparo original

Los sujetos que viven situaciones extremas en este ámbito se ven afectados por el dolor de la existencia, muchas veces acompañado de humillación, desprecio social o indiferencia. Ante el estado ineludible de desamparo humano, desamparo originario, el reconocimiento del otro será siempre un aporte esencial, y su carencia promoverá la exacerbación deletérea de esta experiencia subjetiva.

Encontramos en la base del pensamiento freudiano la noción de desamparo infantil y la búsqueda de satisfacción como constituyentes de la subjetividad. Freud (1950[1895]/1996) señala que, en el inicio de la vida, el cuerpo impone necesidades que el bebé no puede responder plenamente por sí mismo, requiriendo una acción específica del medio para ser satisfechas. Será en las vicisitudes de estas primeras experiencias vividas en el tumulto que se ubique la inscripción de la pulsión, que provoque un desliz que cambie el rumbo de las necesidades. Tales inscripciones iniciales quedan permanentes y con un potencial inagotable para la realización de nuevas inscripciones a lo largo de toda la vida del sujeto.

Estas primeras experiencias están moldeadas por la fantasía y la calidad de los intercambios sensoriales compartidos. En este sentido, la intersubjetividad es el encuentro de un sujeto, animado por pulsiones y una vida psíquica inconsciente, con un objeto que es también otro sujeto, animado por la vida pulsional y su inconsciente. El proceso de subjetivación implica el trabajo de crear un vínculo con el objeto, pero que pueda diferenciarse de él. Si, por un lado, tiene que haber una afinación necesaria para el espejeo, por otro lado, también habrá que preservar la diferencia para que no haya ocupación narcisista (Roussillon, 2004).

Al entender lo infantil como fundamentalmente marcado por su constante interrelación entre movimientos narcisistas y alteritarios, tenemos que empezar a reflexionar sobre los agentes de la acción específica de satisfacción. El corto circuito social de la primera infancia dependerá de la contención para que las funciones parentales sirvan de espejo y también de acceso a lo diferente. En el proceso, el circuito se extiende a múltiples interacciones del orden social más amplio, responsables de construir una densa red de identificaciones, introyecciones y diferenciaciones, responsables de diferentes grados de salud individual y colectiva.

Estos dispositivos sociales – en pequeña y gran escala – ejercen funciones de espejo y diferenciación necesarias para la construcción de sujetos singulares con posibilidad de vida colectiva responsable. En circunstancias en que se niegan estas funciones de espejo y diferenciación, el sujeto queda a la deriva y excluido del escenario social, lo que supone, en su mundo interno, un obstáculo importante para el ejercicio del trabajo psíquico.

Las desigualdades son desiguales

Tomamos la experiencia traumática de la pandemia, que desencadenó una crisis mundial cuyos efectos aún hoy se sienten. Como lo señaló Benilton Bezerra Jr. (2020), la pandemia de la Covid-19 ha abierto la naturaleza profundamente cruel, injusta y absurda del modelo de sociedad que hemos construido en los últimos siglos, basado en la desigualdad. Critica la hegemonía del modelo neoliberal desde la década de 1980, en la que predomina el capitalismo financiero, lo que significó que nuestras vidas estuvieran siendo reguladas en base a una agenda de consumo desenfrenado. Consumir objetos, productos e identidades se ha convertido en la forma en que nos reconocemos como individuos que merecen el reconocimiento de los demás.

A pesar de los avances tecnocientíficos alcanzados por la humanidad en las últimas décadas, poco hemos podido hacer frente a las grandes desigualdades sociales que producen nuestras sociedades, que continuamente irrespetan las diferencias de muchas personas similares. El momento actual está marcado por enormes desafíos en el ámbito personal y colectivo frente al impacto de las amenazas globales impuestas por las políticas neoliberales basadas en la acción depredadora de la naturaleza y donde la democracia es "comida por los bordes". Todavía no sabemos qué efectos deletéreos tendrán sobre la construcción de subjetividades y el orden político y económico en la pospandemia.

Con respecto a la realidad brasileña, el coronavirus vino a acentuar las desigualdades sociales, históricamente presentes en Brasil. La pandemia viral de la contaminación democrática es indiferente, ataca a todos, pero las formas y los recursos para enfrentarla son profundamente desiguales. La desigualdad económica, marcada por la enorme concentración de la renta en manos de unos pocos en Brasil, tiene consecuencias, porque se refleja en el tipo de acceso a la salud, el tipo de educación que se tiene, el acceso a la cultura, las formas de ver el mundo, las condiciones de trabajo, el medio físico en el que se vive, el tipo de reconocimiento y visibilidad social.

Incluso las desigualdades son desiguales y se entrelazan: hombres x mujeres; mujer blanca x mujer negra; mujer negra heteronormativa x mujer negra trans; mujer trans negra con oportunidades de trabajo formal x mujer trans negra profesional del sexo. Hay, por lo tanto, no solo desigualdad económica, sino un tapiz de desigualdades que, especialmente en Brasil, aún permanecen al margen del debate político.

La realidad de la pandemia ha acentuado la precariedad de vida que nos subyace, afectando de manera desigual a las poblaciones más vulnerables. Ante ello, se produjo una reactivación radical de la situación de desamparo. Si en determinadas situaciones marcadas por el desamparo lloramos, tememos, pero sabemos que podemos acceder a instancias de protección alternativa (ya sea el Estado, ya sean instancias de salud, ya sean nuestros familiares o amigos); en la experiencia radical que nos plantea la pandemia, vivimos esta desastrosa experiencia de fragilidad y vulnerabilidad sin poder acceder a estas protecciones. Somos aún más vulnerables que cuando éramos indefensos, porque en esta condición no encontramos la "ayuda mutua" (*nebenmensch*), la alteridad protectora y solidaria.

En este contexto turbulento, en el que nos enfrentamos brutalmente a nuestra propia finitud de manera inequívoca, ¿cómo podemos seguir ejerciendo nuestra profesión de psicoanalistas? Cuando también nos enfrentamos a nuestra propia vulnerabilidad, ¿cómo podemos sostener un espacio para escuchar al otro? Solo fortaleciendo los lazos sociales que nos unen e invirtiendo en la creación de un espacio acogedor podremos promover travesías de la vulnerabilidad a través del uso fértil de dispositivos psicoanalíticos de escucha, basados en movimientos transferenciales y contratransferenciales, para promover narrativas de cuidado compartido. Fue necesario apostar y fortalecer cada vez más el contacto con la vida, con las fuerzas de conexión de Eros en nuestra psique. Fue en estos marcos que buscamos llevar a cabo el trabajo del PROYECTO TRAVESSIA de SBPRJ.

La travesía de Travessia: creaciones lúdicas frente a la precariedad

En estas prácticas, como las realizadas en TRAVESSIA, pensamos en el psicoanálisis en su dimensión clínica, que va más allá de la función terapéutica primaria y, por ello, tiene un carácter político y que debe ser considerado en nuestros Institutos de Formación. De nuestra experiencia de 20 años de actividades con TRAVESSIA, podemos afirmar que el trabajo psicoanalítico realizado en diferentes *settings* se ha realizado dentro del necesario rigor conceptual y responsabilidad social (*social accountability*) de nuestras instituciones. En esta perspectiva, podemos utilizar la actitud de pensar el psicoanálisis en su referente de complejidad, yendo más allá de los límites organizados en torno a las Escuelas. Trabajamos con diferentes poblaciones vulnerables que nos llamaron para adaptar nuestra metodología de acuerdo a la especificidad del trabajo realizado.

Los talleres de TRAVESSIA tienen como objetivo crear un espacio lúdico, en el cual el flujo continuo de pensamientos y sentimientos pueda ser susceptible de ser reestructurado, al ser nuevamente experimentado en el contexto de cada nuevo encuentro (Ogden, 2013). En este espacio lúdico, ubicado entre las experiencias de ilusión y desilusión, el sujeto interactúa y diferencia la fantasía de la realidad, volviéndose capaz de comunicarse consigo mismo y con el mundo (Winnicott, 1975). A través del juego, hay algo más en juego que trasciende las necesidades inmediatas de la vida y da sentido a la acción (Huizinga, 2000). La promoción intrínseca del placer en el juego despierta la curiosidad, ejercita la potencia y crea un estado de encantamiento (Bachelard, 1988). En este proceso, la instalación de ritmos en las narrativas sustenta las emociones y vivencias de los sujetos (Petit, 2009).

Esta cualidad de jugar en ritmos propios o colectivos encuentra en el fenómeno artístico un poderoso apoyo provocador. La ampliación de la práctica clínica en situaciones relacionadas con la violencia del abandono social, por la complejidad de los factores involucrados, exige un trabajo que incluya en él un principio de incompletitud e incertidumbre. En este sentido, articulamos al método clínico del psicoanálisis los recursos provenientes de la educación artística como elementos que provocan la multiplicación de lenguajes y lenguas. El arte, como fenómeno comprometido con múltiples sentidos e involucrando pensamientos divergentes, permite acelerar el proceso de contacto con sensaciones, pensamientos y sentimientos reprimidos y apunta al desarrollo de la percepción y la imaginación del sujeto en relación consigo mismo y con el mundo.

En los talleres, todo el trabajo expresivo – comunicación en palabras, ocupación espacial del lugar de trabajo, secuencia de actividades – fue pensado en esa línea. Necesitábamos acoger la angustia resultante de las diferentes experiencias traídas por los participantes, posibilitando transformaciones y nuevas identificaciones. Al fomentar la creación de una nueva forma de ver el mundo y de pensar la relación entre el tiempo y el espacio que tiende a confundir los límites de productor y producto, objeto y representación, causa y efecto, podríamos tener en las artes un poderoso aliado de simbolización a través de su efecto provocador, que involucra múltiples interpretaciones, creando significados compartidos.

Los procesos inconscientes y las actividades creativas se interpenetran, los ejes imaginarios que fijan la realidad conocida se mueven, lanzándonos a múltiples lugares de nosotros mismos, en los que cada uno puede encontrar al otro y encontrarse como otro (Rivera, 2018). Abre la oportunidad de suspender lo que ya no es suficiente para definirnos, ofreciendo la oportunidad de intervenir activamente en la experiencia de uno mismo y en la percepción del mundo.

En el continente apoyo del equipo, del grupo y del entorno, la permanencia de las producciones colectivas compuso el espacio del taller propicio para el flujo de pensamientos y sentimientos en el contexto de cada nuevo encuentro. Para ello, nos ponemos a disposición de nuevos vínculos objetales que potencien nuestros encuentros, con la apuesta de que la repercusión de la experiencia de cada ciclo de talleres pueda unir grupos posteriores y promover transformaciones personales y en el espacio relacional de los participantes. No esperamos, por tanto, que las transformaciones se restrinjan a los talleres, sino que se propaguen en el proceso de construcción de una red de trabajo psíquico, que pueda expandirse progresivamente. Es el tiempo de la Travesía.

Singularidades de la intervención clínica en la pandemia

En marzo de 2020 nos preparábamos para retomar actividades con educadores de la red educativa municipal, con quienes venimos trabajando de manera continua desde 2016, cuando nos sorprendió la pandemia del Covid-19. Ante el escenario de la pandemia, ¿cómo estarías en este momento? Tuvimos que (re)inventarnos para enfrentar la imposibilidad del trabajo presencial y para lidiar con la amenaza constante a la vida que representaba un virus invisible. El equipo de TRAVESSIA se unió con la idea de reconfigurar los encuentros, a distancia, con la esperanza de que, ofreciéndonos como continente en tiempos de incertidumbre, marcáramos la diferencia.

Pensamos en la referencia original de los grupos presenciales y dividimos el equipo en cuatro grupos, con tres coordinadores cada uno, incluyendo profesionales y becarios en su configuración. En ese momento, propusimos cuatro reuniones semanales de una hora y media, a través de la plataforma Zoom, otorgada a TRAVESSIA por SBPRJ. Hubo un apoyo modesto pero constante a la propuesta.

En ese momento, no imaginamos que permaneceríamos en la distancia social por tanto tiempo. A medida que transcurrieron las semanas, a medida que se acercaba la fecha límite para las cuatro reuniones, los educadores nos pidieron continuar con la propuesta, en función de su comprensión de la importancia del trabajo. Con gran satisfacción y animados por el reconocimiento, realizamos estos encuentros semanales con los cuatro grupos activos durante lo que resta del año, a los que se sumaron otros educadores, invitados por los participantes iniciales.

En estos pequeños grupos, dentro de esta perspectiva general, se intentó ofrecer a los educadores una perspectiva más amplia de atención, en una situación que se da en una modalidad colectivizada de encuentros semanales, a través de los cuales se busca ampliar el espacio de palabra de cada uno, individualmente, con énfasis, sin embargo, en los problemas que vienen resultando significativos en el cotidiano actual de estos sujetos, en la situación de distanciamiento social en que se encuentran, a causa de la pandemia.

Es interesante notar cómo, desde el punto de vista de las relaciones profesionales, existe una importante esfera de identificación entre ellos. El hecho de que las escuelas hayan estado cerradas desde marzo no se ha traducido en una ausencia o estancamiento de la atención o la preocupación y las cargas relacionadas con el trabajo. Existe diversidad en el tipo de vivienda de cada uno de los participantes en estos grupos, sus configuraciones familiares son diferentes en ciertos aspectos, caracterizando algunas diferencias contextuales.

Este orden de preguntas y su cotidianidad, en detalle, está siempre muy presente en las conversaciones que se llevan a cabo en las reuniones del grupo, así como aquellas preguntas que atañen a una dimensión más directamente política y a su papel como educadores y los elementos problemáticos vinculados al ámbito escolar.

La repercusión, en varios niveles, de la situación de pandemia y la interrupción de la rutina escolar siempre es abordada de diferentes maneras, puntos de partida en las conversaciones que se dan en las reuniones con los coordinadores de grupo. Sin embargo, a través de diversas formas de impulso del habla, de intercambio entre los participantes del grupo – recursos de carácter sensorial con trabajos de incidencia directa sobre el cuerpo, recursos asociativos a través de juegos de palabras, recursos que también utilizan medios figurativos e imaginarios, que estimulan la creatividad, entre otros –, buscamos explorar prácticas de compartir entre pares, estimulando un proceso de narrativa colectiva en el que el nivel individual está presente, pero siempre dentro de una perspectiva referida a la inserción de cada sujeto en los grupos, no solo en estos grupos específicos, sino, principalmente, en lo que éste se refiere a la idea de pertenencia, en particular, en el universo de trabajo que se realiza en el campo de la educación, y, más específicamente aún, en las escuelas de educación pública básica, involucrando, por tanto, una determinada población y entorno.

Este trabajo continuó ininterrumpidamente a lo largo de 2020, en el punto álgido de la pandemia y las dificultades impuestas por el aislamiento social. Durante 2021 aún mantuvimos algunos grupos con participantes que querían quedarse, pero la progresiva reanudación de sus actividades laborales, adaptadas al contexto de pandemia, les imposibilitó permanecer en TRAVESSIA. En este contexto, traer nuestra experiencia durante la pandemia sigue siendo relevante y pertinente, ya que es una ilustración fructífera de toda la complejidad que implica el ejercicio del psicoanálisis que opera en territorios vulnerables, marcados por la precariedad, tanto por las dificultades enfrentadas como por los poderes creativos que el espacio analítico promueve.

Sufrimos globalmente con la exposición de la precariedad de todos, pero también la conciencia de una profunda desigualdad en la lucha por la supervivencia. El decreto para poner fin a la pandemia no acabó con sus efectos, que seguirán sintiéndose entre todos por tiempo indefinido. El Covid-19 trajo consecuencias que siguen exigiéndonos mucho, pero también nos permitió aprender a la fuerza en "carne" el valor de pensar en colectivo y reforzó en nosotros la convicción de que el psicoanálisis puede jugar un gran papel en el proceso ante esta crisis sanitaria y fundamentalmente civilizatoria. Las prácticas en tiempos de pandemia nos han hecho tomar conciencia de la urgencia de repensar las bases formativas de nuestros Institutos de Formación.

En este período, interesado en profundizar la investigación en este campo de las prácticas psicoanalíticas *off the couch*, nos agrupamos en torno al Grupo de Estudios Psicoanálisis en la Comunidad, vinculado al Departamento de Comunidad y Cultura de Fepal. En él hemos tenido la oportunidad de intercambiar experiencias con compañeros de América Latina, África, Oriente Medio y Europa.

Tiempos convulsos, tiempos de creación

En esta época de amenaza civilizatoria tenemos que ser, más que nunca, creativos. En nuestra trayectoria, las prácticas fuera de la oficina desafiaron nuestras herramientas conceptuales, estimularon el diálogo con otros saberes y la creación de diferentes dispositivos en respuesta a las enfermedades contemporáneas. Podemos considerar que se trata de prácticas innovadoras, pero no inéditas en el movimiento psicoanalítico, ya que Freud a finales de la década de 1910 ya apuntaba este camino, que impactó a toda la 1ª y 2ª generación de psicoanalistas en cuanto a llevarlos al campo social (Danto, 2019).

La historia se compone de retrocesos y avances, pero en este camino no se borran experiencias, hechos y anhelos. Por eso, muchos psicoanalistas mantuvieron encendida la antorcha progresista y continuaron creando numerosas iniciativas de práctica en escenarios distintos al consagrado como estándar. Estas prácticas responden a la miseria del mundo contemporáneo, más que nunca acentuada por la actual crisis sanitaria que expone el derrumbe de un modelo individualista de sociedad. Tales prácticas sobrevivieron, a pesar de ser mal vistas, toleradas y/o difamadas como prácticas desviadas con poco rigor conceptual. A pesar de ello, no es lo mismo crear prácticas alternativas que renunciar al rigor ético conceptual ya la responsabilidad social (*social accountability*) de nuestras instituciones.

En los últimos años, el viento progresista ha dejado espacio para la posibilidad de cambios internos en el IPA, entre los que se encuentra la actual valorización del trabajo *off the couch*, como el Proyecto TRAVESSIA, que fue reconocido por la institución al ser premiado en la primera edición del premio IPA en la Comunidad en 2019.

Frente a los desafíos derivados de las enormes desigualdades, en las que la precariedad de la condición humana se suma a grados obscenos de vulnerabilidad, forjando las enfermedades contemporáneas, el psicoanálisis tiene mucho que aportar, sobre todo si no se deja empequeñecer por la singular fijeza de su encuadre. Para ello, será necesario que esta discusión llegue a los Institutos de Formación de nuestras instituciones a través de la experiencia de muchos trabajos psicoanalíticos mantenidos al margen de los procesos de transmisión. Sería una reanudación de las indicaciones del propio Freud (1919/2010).

En las últimas décadas, la sólida comprensión de los fenómenos intrapsíquicos nos ha permitido tener una especie de marco interno psicoanalítico que nos permite pensar nuestra práctica en diferentes espacios. Esto nos permite ampliar prácticas y teorías para dar cuenta de las diversas formas de subjetivación, desde formas sexualmente no heteronormativas, pasando por la falta de objetos sociales y el desarraigo hasta los desplazamientos forzados, llegando al impacto político y económico que separa a gran parte de la población del sentimiento de pertenencia al grupo humano.

Ya es hora de que las instituciones psicoanalíticas despierten a la urgencia y conciencia de la necesidad y empiecen a vivir estas inquietudes, ya explícitas por Freud hace 100 años, en el seno de los Institutos de Formación. De esta forma, podremos pensar en la institucionalización de una mentalidad diferente a la práctica psicoanalítica. Creemos que, de esta forma, nuestras instituciones psicoanalíticas tendrán mayor flexibilidad de dispositivos, visando ampliar su acción con el poder público para la formulación y aplicación de programas de salud, especialmente de salud mental.

Así, podremos formar analistas que puedan responder a las demandas de las enfermedades y sufrimientos contemporáneos a través de una gama más amplia de opciones de encuadre. Estaremos reforzando la atención de nuestras instituciones a los movimientos culturales y el compromiso con la promoción de la salud, en su sentido más amplio, en los niveles curativo, preventivo y de promoción de la salud mental de la población.

Desde el momento en que reconocemos las relaciones de interdependencia que nos constituyen, a partir de la dimensión del desamparo que nos pone a todos en una condición precaria, necesitamos fomentar la posibilidad de crear redes de contacto, cuidado y apoyo mutuo. El psicoanálisis tiene mucho que aportar a esta discusión.

Referencias

Bachelard, G. (1988). *A poética do devaneio*. Martins Fontes.

Bezerra Jr., B. (2020). Quem sabe, a hora de mudar de jogo? En J. R. C. Neves (Org.), *O mundo pós-pandemia: reflexões sobre uma nova vida* (pp. 245-254). Nova Fronteira.

Butler, J. (2015). *Notes toward a performative theory of assembly*. Harvard University Press.

Danto, E. A. (2019). *As clínicas públicas de Freud: psicanálise e justiça social, 1918-1938*. Perspectiva.

Freud, S. (1996). Projeto para uma psicologia científica. En S. Freud, *Edição standard brasileira das obras psicológicas completas de Sigmund Freud*: Vol. I (pp. 333-454). Imago. (Trabajo original escrito en 1895 y publicado en 1950).

Freud, S. (2010). Caminhos da terapia psicanalítica. En S. Freud, *Obras completas*: Vol. 14 (pp. 279-292). Cia. das Letras. (Trabalho original publicado em 1919).

Furtos, J. (2012). La clinique psychosociale et la souffrance d'exclusion comme paradigmes des situations extremes. En V. Estellon & F. Marty (org.), *Cliniques de l'extrême* (pp. 265-288). Armand Colin.

Huizinga, J. (2000). *Homo ludens: o jogo como elemento da cultura*. Perspectiva.

Ogden, T. (2013). *Rêverie e interpretação: captando algo humano*. Escuta.

Petit, M. (2009). *A arte de ler ou como resistir à adversidade*. Editora 34.

Rivera, T. (2018). Subverter o cuidado: reflexões e ações entre arte e saúde. *Revista Mesa*, 5, s.p. Recuperado de http://institutomesa.org/RevistaMesa_5/tania-rivera

Roussillon, R. (2004). La dépendance primitive et l'homosexualité primaire « en double ». *Revue Française de Psychanalyse*, 68, 421-439.

Winnicott, D. W. (1975). *O brincar e a realidade*. Imago.

6. Bion visita SUS (Sistema Único de Saúde): una experiencia de grupo en la pandemia

Dionela Pinto Toniolo

Agradezco a todos los que hicieron posible este trabajo. A la asistente social co-terapeuta Alessandra Lenise Machado, a la educadora física Anamari Fanti, a la coordinación de salud mental, a los empleados de la Unidad de Salud Mental de Adultos del Municipio de Cachoeirinha - RS. Por último, a todos los que, como nosotros, lucharon valientemente en la caballería, apoyando el frente en este difícil año en el que luchamos contra algo tan poderoso e invisible.

Este trabajo relata mi experiencia como psiquiatra en una unidad ambulatoria de salud mental pública al retomar la escucha analítica a través de la atención grupal.

Comienzo con una revisión teórica de autores clásicos como Freud y Bion y relato mi experiencia con un grupo de mujeres psicosomáticas. En la práctica clínica, además de estos autores, surgen conceptos aportados por autores más actuales como Zimerman y Neri.

La inesperada llegada de la pandemia del Covid-19 trajo consigo una serie de retos técnicos para hacer viable el trabajo en grupo sin exponer a los pacientes a riesgos. Inicialmente, hicimos un intento infructuoso de reanudar el grupo en línea, que fue recibido por los pacientes a través del supuesto básico de lucha y huida (Bion, 1961a). En un segundo momento, surge la idea de retomar el grupo en un espacio abierto, en la plaza a media cuadra de la unidad sanitaria, lo que es bien recibido y comienza a funcionar como grupo de trabajo.

A lo largo del trabajo grupal, una multiplicidad de fenómenos emerge en el campo grupal, y el terapeuta de grupo se ve obligado a lidiar con múltiples vectores transferenciales y contratransferenciales que conforman una dinámica muy veloz, casi imposible de expresar con palabras.

Introducción

No soy un terapeuta de grupo experimentado, al contrario, la motivación para escribir este trabajo vino precisamente de este hecho. El contacto teórico y práctico que tuve con el tema fue básicamente en mi residencia en psiquiatría. La idea de retomar el trabajo con grupos terapéuticos en el servicio público viene gestándose desde hace muchos años, pero la gran demanda de la agenda de la psiquiatría clínica muchas veces termina "empujando" al profesional a ser un "apagafuegos", impidiendo la promoción de un trabajo planificado y organizado. El análisis personal, la entrada en la formación analítica y la llegada de nuevos colegas a la unidad me permitieron trazar un plan para empezar a trabajar con grupos a medio plazo. Por una feliz coincidencia, este trabajo comenzó en el año en que estudiábamos Bion en la formación analítica y con una persona y profesional a quien admiro, el Dr. Juárez Guedes Cruz. Tuve un factor inesperado al poco tiempo de iniciar el trabajo, la pandemia del Covid-19, que no me hizo abandonar el trabajo, así como Bion vivió su experiencia en grupos en plena Segunda Guerra Mundial. La pandemia trajo algunas peculiaridades en cuanto a los cambios en el escenario y la configuración del grupo, como veremos a continuación.

Grupos: breve historia

Desde la antigüedad, los grupos se han utilizado como entorno para la "terapia" de diversos trastornos somáticos y psíquicos. A menudo, dicho tratamiento se realizaba dentro de un contexto religioso. Por ejemplo, en el Asclepio de Pérgamo, en el siglo II d.C., la interpretación de los sueños en grupo por parte de los sacerdotes de Esculapio (dios romano de la medicina y la curación) fue un momento clave para la elección de las recetas. A partir de estas interpretaciones se elegían las terapias dietéticas, termales y farmacéuticas. El rector Helios Aristide dejó un testimonio detallado de este tipo de curación en sus *Ieroi Logoi* (Razones sagradas) (Neri, 1995).

A partir de numerosas experiencias y reflexiones a lo largo del tiempo, la terapia de grupo se ha reconocido como descendiente de aquellos primeros intentos de utilizar el grupo con fines terapéuticos. Sin embargo, el psicoanálisis no sólo busca curar, sino también desarrollar el conocimiento sobre la actividad mental del individuo y del grupo. A diferencia de las prácticas religiosas mencionadas anteriormente, el psicoanálisis no busca una "cura" milagrosa sometiendo a los individuos a un curandero y a creencias y supersticiones de grupo, sino que pretende promover un proceso de mejora que también tenga en cuenta la expansión de la conciencia y la autonomía del individuo (Neri, 1995).

Freud, en su obra *Psicología de grupo y análisis del yo* (1921), comienza diciéndonos que el contraste entre psicología individual y psicología social o de grupo, que a primera vista puede parecer lleno de significado, pierde gran parte de su nitidez cuando se examina más de cerca. En la vida mental del individuo interviene invariablemente algo más, como un modelo, un objeto, un auxiliar, un adversario, de modo que la psicología individual, en este sentido ampliado pero enteramente justificable de las palabras, es al mismo tiempo también psicología social (Freud, 1921).

Para Freud, la psicología de grupo se interesa, pues, por el individuo como miembro de una raza, de una nación, de una casta, de una institución, o como parte de una multitud de personas que se organizan en grupo, en una ocasión dada, con un propósito definido (Freud, 1921).

Freud cita a Le Bon para explicar un fenómeno notable que se produce en los grupos: la aparición de una mente de grupo. Independientemente de quiénes sean los individuos que componen el grupo, éstos toman posesión de una especie de mente colectiva que les hace sentir, pensar y actuar de manera muy diferente a como cada miembro, tomado individualmente, sentiría, pensaría y actuaría si se encontrara en un estado de aislamiento (Le Bon apud Freud, 1921).

Freud cree que el fenómeno de la mente grupal se desarrolla a través de tres mecanismos. El primero es que en un grupo el individuo se encuentra en condiciones que le permiten liberarse de las represiones de sus impulsos instintivos inconscientes. Las características aparentemente nuevas que muestra entonces son en realidad manifestaciones de este inconsciente, en el que todo lo malo de la mente humana está contenido como predisposición (Freud, 1921).

La segunda causa es el contagio, que es un fenómeno de origen hipnótico. En un grupo, todo sentimiento y todo acto es contagioso, y contagioso hasta tal punto que el individuo sacrifica fácilmente su interés personal al interés colectivo. Se trata de una aptitud totalmente contraria a su naturaleza y de la que el hombre apenas es capaz si no es formando parte de un grupo (Freud, 1921).

Una tercera causa, que Freud considera la más importante, determina en los individuos de un grupo características especiales que a veces son totalmente contrarias a las presentes en el individuo aislado. Se trataría de la sugestionabilidad, de la que el contagio antes mencionado no es más que un efecto (Freud, 1921).

En su obra, Freud cita también a McDougall, quien clasifica a los grupos en diferentes niveles de organización. Desde el "grupo" totalmente desorganizado, que sería una especie de muchedumbre, hasta los organizados. En éstos, McDougall considera que el factor más importante para dicha organización es la "exaltación o intensificación de cada emoción", el modo en que los individuos son así atraídos hacia un impulso común, a través de lo que denomina "el principio de la inducción directa de la emoción por medio de la reacción simpática primitiva", es decir, a través del contagio emocional ya mencionado (McDougall apud Freud, 1921).

Freud cita dos ejemplos de grupos altamente organizados, permanentes y artificiales: las iglesias y los ejércitos. Tanto en una Iglesia (Freud toma como ejemplo la Iglesia católica) como en un ejército, por muy diferentes que parezcan en otros aspectos, prevalece la ilusión de que hay una cabeza -en la Iglesia católica, Cristo; en un ejército, el comandante en jefe- que ama a todos los individuos del grupo con un amor igual. Todo depende de esta ilusión; si hubiera que abandonarla, tanto la Iglesia como el ejército se disolverían, en la medida en que la fuerza exterior lo permitiera. Los creyentes se llaman hermanos en Cristo, es decir, hermanos por el amor que Cristo les tiene. No cabe duda de que el vínculo que une a cada individuo con Cristo es también la causa del vínculo que los une entre sí. Lo mismo se aplica al ejército. El comandante en jefe es un padre que ama a todos los soldados por igual, y por eso son camaradas entre sí. El ejército difiere estructuralmente de la Iglesia en que se compone de varios grupos de este tipo (Freud, 1921).

Freud dice que es de notar que, en estos dos grupos artificiales, cada individuo está ligado por lazos libidinales por una parte al líder (Cristo, el comandante en jefe) y por otra a los demás miembros del grupo. Y si cada individuo está ligado en dos direcciones por un lazo afectivo tan intenso, no encontraremos dificultad en atribuir a esta situación la limitación de la libertad del individuo en el grupo (Freud, 1921).

Por otra parte, si surge el pánico, especialmente en el grupo militar, éste se desintegra. Ya no se atienden las órdenes dadas por los superiores y cada individuo se preocupa de sí mismo, sin ninguna consideración por los demás. Los lazos mutuos dejan de existir y se libera un miedo gigantesco y sin sentido (Freud, 1921).

Freud hace gran hincapié en el fenómeno de la identificación como mecanismo que opera en los grupos. El psicoanálisis conoce la identificación como el apego afectivo más temprano a otra persona. En segundo lugar, a través de la regresión, la identificación se convierte en el sustituto de un apego objetal libidinoso, como si fuera a través de la introyección del objeto en el Yo, y en tercer lugar, puede surgir en cualquier nueva realización de algo en común con una persona que no sea objeto de los instintos sexuales. Cuanto más significativo sea este algo en común, más exitosa deberá ser esta identificación parcial, correspondiendo así al comienzo de un nuevo vínculo (Freud, 1921).

Bion es otro autor que se destaca en el tema de las terapias de grupo, no sólo por sus originales aportes teóricos, sino también porque, a diferencia de Freud, tuvo una importante experiencia en la práctica de grupos terapéuticos. Sus principales ideas al respecto se encuentran en su libro *Experiencias con grupos* (Bion, 1961a).

En plena Segunda Guerra Mundial, los trastornos emocionales eran visiblemente la causa más importante de inactivación militar. Bion, a su regreso a la actividad militar en 1940, observó que en el servicio de terapia del hospital donde trabajaba existía un equilibrio de "inseguridad", una especie de connivencia inconsciente entre los pacientes, el personal médico y la institución hospitalaria. Por otra parte, el ejército necesitaba aumentar su cuadro de oficiales y el número de candidatos era tan grande que se requería un método de selección más adecuado (Zimerman, 2000).

Así, Bion tuvo la idea de utilizar el recurso del grupo. En relación con el proyecto de rehabilitación de militares estresados, Bion puso en marcha un plan de reuniones colectivas en el hospital militar, donde se discutían los problemas comunes a todos y se establecían programas de ejercicios y actividades. Se reunía diariamente en una sala con 15 pacientes y mantenía un debate de grupo, con el objetivo principal de readaptarlos a la vida militar o juzgar si eran capaces de reincorporarse activamente a ella. Un fruto visible de este trabajo en grupo fue que Bion pudo restablecer la disciplina y mantener una ocupación útil de sus hombres, con lo que se constituyó un verdadero "espíritu de grupo". Por razones que nunca se han aclarado (lo más probable es que los altos mandos se alarmaran por el cambio de clima en el hospital), este experimento sólo duró seis semanas (Zimerman, 2000).

En relación con la selección de oficiales, Bion se apartó de la forma habitual de priorizar las cualidades militares de los candidatos al cuerpo de oficiales y propuso la técnica del "grupo sin líder". Consistía en proponer una tarea a los candidatos, como construir un puente, mientras que los observadores especializados no se fijaban en la capacidad de cada uno de ellos para construir un puente, sino en la capacidad del hombre para establecer interrelaciones, para afrontar las tensiones generadas en él y en los demás por el miedo al fracaso de la tarea grupal y el deseo de éxito personal (Zimerman, 2000).

A principios de 1948, el Comité Profesional de la Clínica Tavistock solicitó a Bion que organizara grupos terapéuticos utilizando su propia técnica (Bion, 1961a).

Bion introduce una serie de conceptos nuevos en el psicoanálisis, en parte porque se trata de un tema diferente al anterior, y en parte porque desea ver si un comienzo no perturbado por las teorías anteriores podría llevar a un punto en el que sus puntos de vista sobre el grupo y los puntos de vista psicoanalíticos sobre el individuo podrían compararse y, por lo tanto, juzgarse complementarios o divergentes (Bion, 1961a).

Bion estaba de acuerdo con Freud en que el grupo adquiere una unanimidad de pensamiento y propósito, trascendiendo a los individuos y estableciéndose como una entidad separada. Llamó a este fenómeno mentalidad de grupo (Bion, 1961a).

Afirma que todo grupo propiamente dicho opera siempre en dos niveles simultáneos, opuestos e interactivos, aunque bien delimitados entre sí. Un nivel es lo que él llama el "grupo de trabajo", el otro es el "grupo de base" (o supuestos básicos) (Zimerman, 2000).

El "grupo de trabajo" se ocupa de los aspectos conscientes de una tarea determinada combinados por todos los miembros del grupo y, si hemos de compararlo con el funcionamiento de un individuo, el grupo de trabajo equivale a las funciones del Ego consciente que opera en un nivel secundario del pensamiento (tal como lo concebía Freud) (Zimerman, 2000).

Los supuestos básicos funcionan siguiendo las líneas del proceso de pensamiento primario y, por lo tanto, obedecen más a las leyes del inconsciente dinámico. Así, los supuestos básicos ignoran la noción de temporalidad, de relación causa-efecto, o se oponen a cualquier proceso de desarrollo y conservan las mismas características que las reacciones defensivas movilizadas por el Yo primitivo contra las ansiedades psicóticas (Zimerman, 2000).

Bion describió tres modalidades de supuestos básicos, que denominó respectivamente supuestos básicos de "dependencia", "lucha y huida" y "apareamiento" (o "emparejamiento") (Bion, 1961a).

El supuesto básico de "dependencia" designa el hecho de que el funcionamiento del nivel más primitivo del conjunto del grupo necesita y elige a un líder con características carismáticas debido a la búsqueda de protección, seguridad y alimento material y espiritual. Los vínculos con el líder tienden a adquirir un carácter más parasitario o simbiótico, más orientado hacia un mundo ilusorio (Zimerman, 2000).

El supuesto básico de "lucha y huida" alude a una condición en la que el inconsciente grupal está dominado por ansiedades paranoides y, por esta razón, o bien la totalidad del grupo se muestra altamente defensiva y "lucha" con un franco rechazo contra cualquier nueva situación de dificultad psicológica, o bien "huyen" de ella, creando un enemigo externo al que atribuyen todos los males y, por lo tanto, se mantienen unidos contra este enemigo "común". El líder requerido por este tipo de suposición grupal debe tener características paranoicas y tiránicas (Zimerman, 2000).

El supuesto básico de "apareamiento" consiste en que el grupo, según la primera descripción de Bion, engendra un hijo "Mesías" que será el redentor de todos. Posteriormente, el concepto de este supuesto básico ya no tiene en cuenta el sexo de los individuos implicados (de ahí el nombre de "emparejamiento"). Así, las esperanzas mesiánicas del grupo pueden depositarse en una persona, una idea, un acontecimiento... que vendrá a salvarles y a hacer desaparecer todas sus dificultades. En estos casos, el grupo suele estar organizado con defensas maníacas y su líder debe tener características mesiánicas y cierto misticismo (Zimerman, 2000).

Estas modalidades de supuestos básicos no son opuestas entre sí; al contrario, pueden coexistir en el mismo grupo y alternarse en su aparición. Del mismo modo que un grupo tiene momentos en los que funciona como grupo de trabajo y otros momentos más regresivos en los que funciona a través de supuestos básicos.

Bion considera que la Iglesia funciona según el supuesto básico de "dependencia"; el ejército, según el de "lucha y huida"; y la aristocracia, según el de "apareamiento".

Hay varias diferencias importantes entre el grupo del que hablaba Freud y el que trataba Bion. El primer cambio se produce en términos numéricos. Freud y otros estudiosos -Le Bon, Trotter, McDougall, que trataron este tema a principios del siglo pasado- se referían a multitudes. En cambio, Bion dirige su atención a pequeños grupos, o más bien a subgrupos de un grupo organizado, como secciones de hospitales, divisiones militares. Además de los datos numéricos, también cambian las motivaciones. Para Freud, el estudio de las masas formaba parte del esfuerzo por proporcionar una base unitaria a la psicología psicoanalítica. De hecho, debía comprender tanto la psicología individual como la colectiva. Bion, por su parte, ofrecía sobre todo modelos prácticos (rehabilitación, experimentación con nuevas modalidades de terapia); modelos que fue adoptando gradualmente y que se ajustaban mejor al campo de la experiencia (Neri, 1995). Además, Freud estaba más centrado en el estudio de los mecanismos neuróticos de los grupos y Bion, influido por Melanie Klein, su analista en la época en que llevó a cabo su experimentación con grupos, estaba más interesado en los mecanismos más primitivos, especialmente la identificación proyectiva (Zimerman, 2000).

Mi experiencia con grupos en la pandemia

A partir de la Conferencia de la Sociedad Brasileña de Psicoanálisis de Porto Alegre – Caminos del Dolor, realizada los días 27 y 28 de septiembre de 2019, escuchando la experiencia de colegas en el abordaje psicoanalítico en ambientes fuera del consultorio con pacientes psicosomáticos (Béjar, 2019), surgió en mí la idea de montar un grupo con pacientes con estos padecimientos en el servicio público donde trabajo. Entre las historias que escucho in situ, destacan las quejas emocionales derivadas del dolor crónico, principalmente secundarias a enfermedades musculoesqueléticas como la fibromialgia. La gran mayoría de estos pacientes eran mujeres, habían pasado ya por varios servicios y profesionales sanitarios con escasa mejoría de sus dolencias y de su calidad de vida, y tenían pocas posibilidades de ser derivados a un servicio especializado en dolor crónico en un hospital general.

A partir de octubre de 2019, seleccioné en las consultas clínicas a pacientes que tuvieran un perfil para participar en el grupo: causa principal de su sufrimiento psicológico por patología psicosomática, motivación para participar en la terapia de grupo y ausencia de un diagnóstico que pudiera dificultar la marcha del grupo, como trastorno antisocial o límite de la personalidad, dependencia química o trastorno psicótico (Zimmermann, 1969; Zimerman, 2000).

Como mi carga de trabajo en el servicio público es de 8 horas semanales, se estipuló que el grupo se reuniría quincenalmente -intercalando las semanas en que no habría grupo con otro proyecto, un grupo para esquizofrénicos- los miércoles, de 10:30 a 11:30, siendo este tiempo de conversación con agenda libre para los pacientes, abierta a preguntas reflexivas. La trabajadora social del servicio se puso a disposición para conducir el grupo junto conmigo, asumiendo el papel de co-terapeuta (Zimmermann, 1969). Entre las 11:30 y las 12:30, acordamos que los profesionales estarían a disposición de los pacientes para demandas individuales, como ajustes de medicación, pedidos de recetas, pedidos de pases libres, contactos con la red en relación a exámenes o consultas con otras especialidades, entre otros.

Se decidió que el grupo comenzaría el primer miércoles de marzo. Inicialmente, se seleccionaron ocho pacientes dentro del perfil mencionado. El grupo funcionaría en la modalidad abierta, es decir, permitiendo la incorporación de otro paciente cada vez que surgiera una vacante por alta o abandono. Se eligió esta modalidad porque, además de agilizar el flujo de pacientes en el servicio público, está avalada en la literatura en cuanto a ventajas sobre los grupos cerrados, siendo estos últimos aquellos en los que los mismos pacientes permanecen en el grupo inicial hasta el final del tratamiento. Zimmermann (1971) cita a Bahia (1954), quien menciona que uno de los principios fundamentales de la psicoterapia de grupo es

> *[...] constituir siempre una unidad elástica, es decir, permeable a la entrada de nuevos elementos, que tenga como objetivo crear en la mente de los miembros la percepción de indestructibilidad de la 'Institución' de la cual dependen, frente al continuo acoso de agresiones de 'rivales' y de la propia persona del terapeuta (Bahia apud Zimmermann, 1971).*

Como estaba previsto, hubo una primera reunión del grupo en la primera semana de marzo. De los ocho pacientes seleccionados, seis asistieron. Fue un espacio donde pudieron hablar de sus quejas comunes y de cómo el dolor y sus patologías psicosomáticas limitaban sus vidas, mostrando muy claramente el mecanismo de identificación descrito por Freud en los grupos (Freud, 1921).

Durante el mes de marzo, antes de que celebráramos la segunda reunión de grupo, llegó la pandemia del Covid-19, una enfermedad con un alto índice de transmisibilidad y de la que aún no se conoce un tratamiento eficaz, siendo su recurso más efectivo para evitar el contagio la minimización al máximo del contacto social. En un primer momento, se suspendió toda la asistencia del servicio y el centro permaneció abierto únicamente para la entrega de recetas durante los meses de abril y mayo. Pasados estos dos meses y sin previsión de desenlace de la pandemia, se liberó un número reducido de citas en el servicio para evitar aglomeraciones. Sin embargo, no se permitieron las terapias de grupo porque, debido a que el virus se dispersa en el aire y se contrae por inhalación, estaba contraindicado reunir a la gente en un entorno cerrado.

Al principio, se nos ocurrió la idea de reanudar los grupos en modo virtual. Llamamos a los pacientes a consultas individuales para ayudarles a instalar y gestionar la aplicación de videoconferencia y programamos las reuniones en línea en los horarios previamente acordados, es decir, quincenalmente los miércoles a las 10.30 horas. Sin embargo, no nos atendieron en las llamadas. Se manifestó una reacción de lucha y huida (Bion, 1961a) ante la nueva tecnología, los pacientes no se sentían capaces de manejar la aplicación, a pesar de haber realizado las llamadas individuales de prueba.

Después de un mes de intentar restablecer el grupo online sin éxito, surgió simultáneamente en mí y en la trabajadora social la idea, como si fuera un pensamiento buscando un pensador (Bion, 1961b), de que debíamos retomar los grupos en un espacio abierto, en la plaza situada a media manzana del servicio de salud donde trabajamos.

Después de todas las entrevistas, se reincorporaron al grupo cuatro pacientes que habían asistido a la primera reunión en marzo y un paciente nuevo, que estaba en lista de espera.

En una mañana soleada, volvimos a reunirnos, cuatro meses después de la primera sesión. De acuerdo con las recomendaciones de la OMS/ANVISA, los pacientes y los profesionales llevaban mascarillas y se sentaron a más de un metro de distancia unos de otros.

Asistentes a esta sesión:

- Helga, 64 años, funcionaria, desgaste pélvico y dolor ciático crónico.
- Zélia, 58 años, ama de casa, bursitis y tendinitis en el hombro derecho.
- Luciana, 60 años, jubilada, fibromialgia.

- Lígia, ama de casa, pseudoconvulsiones.
- Cláudia, 50 años, cuidadora de ancianos, obesidad, desgaste de cadera y rodilla, dolor articular crónico.

He aquí un fragmento de diálogo de la primera sesión para ilustrar el estado de ánimo:

> "H: No tienes miedo de volverte dependiente de tus hijos, ¿eh? Mis hijos dicen que si eso ocurre, no pasa nada, siempre he cuidado de ellos. Ya no puedo traer la compra del mercado, necesito su ayuda para cargar peso. Me dicen que pida ayuda siempre que la necesite, pero odio tener que depender de los demás.
>
> C: A mí tampoco me gusta. Mis hijas me dicen: 'Mamá, avísame cuando necesites ayuda'. Pero yo prefiero ser independiente.
>
> A (ASESORA): Pero es importante que pidas ayuda cuando la necesites.
>
> D (TERAPEUTA): Es un intercambio.
>
> LI: FUI incapaz de hacer nada durante 4 años. Levantaba la cabeza para tender una colada, me mareaba y me caía. Los médicos empezaron a tratarme por laberintitis. Pero me pareció extraño que la laberintitis de otras personas mejorara y la mía no. Luego pensaron que era epilepsia. Tomé gardenal, carbamazepina y nada mejoró. Hasta que un médico de Conceição dijo que creía que era depresión. Empezó con venlafaxina y quetiapina y empecé a mejorar. Entonces vine a la Dra. Dionela y ella ajustó la dosis de venlafaxina. Ahora estoy bien.
>
> D: ESTA resistencia a pedir ayuda, a decir lo que sientes, a menudo puede acabar siendo una de las causas del dolor. Lidia no sufre dolor, pero en su caso han aparecido ataques parecidos a convulsiones, epilepsia. Cada persona expresa de una manera diferente lo que no se puede hablar...".

Este extracto es muy ilustrativo de los diversos mecanismos que actúan en un grupo. Los tres supuestos básicos de Bion aparecen casi simultáneamente (Bion, 1961a). Helga saca a colación el tema del miedo a la dependencia, habitual al principio de las psicoterapias tanto individuales como de grupo. La evitación de la dependencia, puede resolverse a través del mecanismo de lucha o huida, negando la necesidad de ayuda. Lidia, en cambio, me otorga un poder mesiánico a través de la medicación venlafaxina, como si ajustar la dosis de la medicación fuera el principal determinante de su bienestar.

Debido al hecho de que hacemos el grupo en un espacio abierto, lidiamos con algunas peculiaridades, como el hecho de no poder realizar reuniones en días de lluvia, interferencias en la escucha por el uso de mascarilla y el ruido de la calle, transeúntes que pueden oír el material del grupo, esto último parece molestarme más que a los propios pacientes. En definitiva, son factores añadidos al posible escenario que nos encontramos en la pandemia. Por otro lado, es muy agradable ocupar un espacio público, tener una sesión al aire libre, al sol y entre los árboles. Llamamos cariñosamente a nuestra iniciativa "Salud mental en la plaza".

En la segunda sesión, una nueva paciente se une al grupo: Isabel Cristina, 52 años, peluquera jubilada, con fibromialgia, bursitis y tendinitis del hombro derecho. Ella cuenta al grupo su conflicto actual, que es la dificultad de aceptación y la consecuente culpa por la homosexualidad de su hijo. Luciana se identifica inmediatamente, porque ella también tiene un hijo homosexual, tuvo dificultades para aceptarlo inicialmente y dice que actualmente vive bien con él. Además, Isabel Cristina habla de sus conflictos con la madre, que tiene un historial de brotes psicóticos y hospitalizaciones desde la infancia de la paciente. Supongo que, debido a su historia en la que no pudo contar con la atención de su madre, Isabel se pone a menudo en posición de monopolizar la atención del grupo, asignándome la difícil tarea de darle límites sin revivir la retirada de afecto de su madre.

Zélia, que estaba con su padre enfermo y su estado empeoró, optó por retirarse del grupo y someterse a psicoterapia individual durante esta difícil fase de su vida. La literatura describe que los pacientes con importantes demandas privadas deben, al menos temporalmente, tener una atención individual (Zimerman, 2000). La paciente asiste al grupo para despedirse y dice que piensa volver cuando esta fase más difícil haya pasado. El grupo la apoya y espera su regreso. Zélia se emociona en su despedida.

La paciente Janaína, de 52 años, trabajadora de limpieza con fibromialgia, se une al grupo. Estaba seleccionada desde marzo y no había podido asistir. Janaína regresa tras dos meses de convalecencia por coronavirus, cuenta su difícil historia de recuperación y cómo la enfermedad empeoró sus dolores musculares como secuela. El grupo reflexiona sobre las experiencias en relación con la pandemia, los familiares que contrajeron la enfermedad, los conocidos que murieron, los cuidados. La co-terapeuta perdió a un hermano a causa del Covid-19 y hablamos después del grupo sobre el reto de la posible neutralidad en esta situación.

En una de las reuniones se realizó una actividad de estiramientos y baile con la colaboración de un educador físico del Departamento de Educación. Aunque la actividad física era una demanda de los propios pacientes, la primera vez que vino la educadora sólo asistieron dos pacientes. Pensé en la hipótesis de Christophe Dejours, que nos habla de un cuerpo enfermo y un cuerpo erótico. Quizá los pacientes se ausentaron porque eran incapaces de "habitar su cuerpo", como nos dice Dejours. Mientras caminábamos de vuelta a la clínica desde la plaza, Helga comentó al educador físico cómo está demostrado que el ejercicio mejora la depresión, esto es de sentido común. Pero, ¿por qué es tan difícil que nuestros pacientes se adhieran a la actividad física? ¿Por qué esta ambivalencia del grupo hacia la actividad física? Quizás se sientan más en posesión de un "cuerpo enfermo" que de un "cuerpo erótico". Todavía no les es posible jugar con su propio cuerpo, estirarse, bailar, sentir placer (Dejours, 2003).

Cuando se planteó el tema de la respuesta de lucha y huida a la actividad física en la siguiente reunión, los pacientes dieron razones externas para no asistir, lo que confirmó que los supuestos básicos operan a nivel inconsciente (Bion, 1961a). A petición suya, organizamos una nueva actividad con el educador físico. Fue muy enriquecedor poder verles tomar conciencia de qué partes del cuerpo están más tensas, cuáles les duelen realmente, intercambiando ideas, mostrándome a mí, a la educadora y a la orientadora sus descubrimientos, como niños descubriendo su cuerpo, posibilitando mentalizar lo que, hasta entonces, sólo había sido a nivel físico (Marty, 1996). Como grupo de trabajo en equipo, la educadora física se interesó en pedir que se le concedieran algunas horas para la salud mental con el fin de dar continuidad a este trabajo en su propio grupo. Esta es la fuerza de identificación y contagio descrita por Freud (1921) en un sentido positivo.

El grupo sigue funcionando, incluso en días nublados los pacientes acuden sin preguntarse si habrá reunión, retándonos a buscar un espacio cubierto para los días de lluvia. Además, los pacientes siguen, fuera de las sesiones, interactuando en el grupo de whatsapp, enviando "Buenos días" y preguntando por la resolución de algún problema pendiente relatado en el grupo, entre otros temas. Es un reto a la neutralidad y a la abstinencia participar en el grupo de whatsapp sin romper estos dos principios o parecer completamente desinteresado. Puedo decir que ya se ha formado una "unidad de grupo" y una "mentalidad de grupo" y ya no es sólo una "reunión de personas" sino un grupo de trabajo con un objetivo común de tratamiento (Freud, 1921; Bion, 1961a).

Consideraciones finales

La terapia de grupo es una técnica infrautilizada nel Brasil. Zimerman menciona que, en Brasil, existe una necesidad inequívoca de ampliar las actividades de terapia de grupo y de formar técnicos especializados en el área. De hecho, existe una profunda brecha entre el número de personas que necesitan – y ciertamente podrían beneficiarse de la psicoterapia sistemática – y la capacidad de atención para satisfacer esta demanda, y es lamentable que no se haga un mejor uso de un recurso que tiene un potencial terapéutico significativo, como la terapia de grupo (Zimerman, 2000).

El *Manual de Atención Básica en Salud Mental* del Ministerio de Salud destaca que el proceso grupal, siempre que esté bien planteado en su finalidad, estructura y manejo, permite un poderoso y rico intercambio de experiencias y transformaciones subjetivas que no se lograrían en la atención individualizada. Esto se debe, sin duda, a la pluralidad de sus miembros, a la diversidad de intercambios de conocimientos y a las posibles identificaciones que sólo un grupo posibilita (Ministerio de Salud, 2013).

La reunión de todos los individuos más el terapeuta grupal para una tarea común genera la formación de un campo dinámico en el que se cruzan necesidades, deseos, ataques, miedos, culpas, defensas, roles, identificaciones, movimientos de resistencia, transferencias y contratransferencias. Como todo esto se procesa simultáneamente, a veces de forma muy rápida y confusa, se requiere que el terapeuta de grupo tenga bien discriminados los principales elementos que conforman la dinámica del campo grupal (Zimerman, 2000). Esto ha supuesto un gran reto para mí en la práctica.

A diferencia de lo que sabemos acerca de lo que clásicamente ocurre en los análisis individuales en relación a la emergencia de vivencias transferenciales y la instalación de la conocida "neurosis de transferencia" dirigida directamente a la persona del analista, en las situaciones grupales tanto la transferencia de los pacientes como la contratransferencia del terapeuta grupal adquieren características cruzadas, es decir, cada paciente puede transferir a otro u otros pacientes, a la persona del terapeuta y al grupo como totalidad abstracta, así como el grupo en su conjunto puede converger hacia una modalidad transferencial relativa al terapeuta. En situaciones en las que el grupo funciona con dos terapeutas en coterapia, es prácticamente una regla que las manifestaciones transferenciales surjan disociadas: partes del grupo se depositan en uno de ellos y otras se transfieren al otro. Zimerman considera que lo que el grupo pierde en la profundidad de la neurosis de transferencia que caracteriza el nivel de muchos análisis individuales, lo gana en extensión, ya que el juego de las identificaciones proyectivas e introyectivas, materia prima del fenómeno transferencial-contra-transferencial, es mucho más perceptible e intenso (Zimerman, 2000).

En este trabajo, espero haber conseguido transmitir al menos parte de la idea de la riqueza de fenómenos que se producen en mi retomar la experiencia en grupos. Un campo tan dinámico, rápido y con acontecimientos superpuestos, que no siempre puedo ser consciente del conjunto en el momento del grupo. Poder escribir el trabajo, hablar sobre el grupo, discutir los diferentes aspectos, es una forma de poder aprehender cómo se ha formado el grupo de trabajo, con sus momentos de supuestos básicos, incluso con la interferencia de la pandemia.

Todavía se están evaluando los criterios de aprobación de la gestión del grupo. Se debe tener en cuenta la capacidad de la red básica para absorber la atención de los pacientes mejorados y su evolución. Como el grupo está aún en sus inicios y, durante la pandemia, los centros de atención primaria no funcionan con normalidad, no ha sido posible hacer una proyección de este aspecto.

Las terapias de grupo es un tema muy rico y extenso, mi intención en este trabajo no es profundizar en el tema. Es sólo un informe de mi experiencia, como psiquiatra, de reanudar la escucha analítica a través de la atención en grupo.

Referencias

Béjar, V. R. (2019). Paradoxos da sobrevivência psíquica: o trabalho de somatização. *Psicanálise*, 21(2), 72-80.

Bion, W. R. (1970). *Experiências com Grupos*. Imago. (Trabajo original publicado en 1916a).

Bion, W. R. (1991). Uma Teoria do Pensar. In E. B. Spillius (1988). *Melanie Klein Hoje Volume 1: Artigos predominantemente teóricos*. Imago. (Trabajo original publicado en 1961b).

Dejours, C. (2003). *Primeiro, o corpo*. Dublinense, 2019.

Freud, S. (1996). Psicologia de Grupo e Análise do Ego. En *Edição Standard Brasileira das Obras Psicológicas de Sigmund Freud*. Imago. (Trabajo original publicado en 1921).

Marty, P. (1996). *Mentalização e Psicossomática*. Casa do Psicólogo, 1998.

Ministério da Saúde (2013). *Cadernos de Atenção Básica – Saúde Mental*. Editora MS.

Neri, C. (1995). *Grupo - Manual de Psicanálise de Grupo*. Rio de Janeiro: Imago, 1999.

Zimerman, D. E. (2000). *Fundamentos Básicos das Grupoterapias*. 2 ed. Artmed.

Zimmermann, D. (1971). *Estudos sobre Psicoterapia Analítica de Grupo*. Mestre Jou.

7. Enigmas de la psicoterapia: los límites de la escucha y de la representación

Maria Elisabeth Cimenti , Luciane Pujol,
Ana Lúcia Guaragna, Júlia Bugin, Bianca Sanchotene,
Franciny Port y Lívia Koltermann

A partir del relato de algunos recortes de grupos de psicoterapia con niños institucionalizados por extrema vulnerabilidad familiar y social, pretendemos presentar y problematizar aspectos observados en esa experiencia. Experimentamos este trabajo desde octubre del 2013, con el objetivo de proporcionar tratamiento psicoterápico para esos niños e introducir esta modalidad de atención en nuestra institución, el Instituto de Enseñanza e Investigación en Psicoterapia – Porto Alegre (IEPP).

Teníamos inicialmente como objetivo desarrollar la técnica de psicoterapia de grupo con niños, a partir de nuestros equipajes de tratamientos individuales infantiles. Buscábamos ampliar el tratamiento a un número mayor de niños. A lo largo de esa trayectoria, percibimos que cada situación se presentaba de modo muy singular y nos desajustaba de un esquema técnico conocido, desplazándonos para un no lugar. Se hizo necesario desprendernos de conceptos y preconceptos a la medida en la que los niños solicitaban, por ejemplo, una proximidad física mayor. Exponían cargas de intensidad tan fuertes que tenían efectos sobre nuestro cuerpo y nuestra mente, excediendo el momento de la sesión. Solicitaban dramatizar sus dolores y desventuras como si nuestro cuerpo-mente fueran escenario de sus emociones.

Frente a tanta intensidad, pasamos a identificar una serie de fenómenos: primero, la necesidad de ampararnos en un numeroso grupo técnico*; segundo, estar atentos para el tipo de defensas por nosotras utilizadas frente a la escucha de materiales regresivos y violentos y, por último, revisar el sentido del concepto de alucinación negativa frente a la dificultad de representar en nuestras mentes determinados contenidos. Este trabajo en grupo nos ha llevado a reconstruir algunos temas que teníamos como seguros en nuestra técnica y no nos inquietaban. Actualmente nos desacomodan, exigiéndonos la ampliación del trabajo psíquico en nuestro hacer.

En seguida, pasamos a relatar nuestra experiencia, a través del recorte de una sesión del grupo.

> INICIAMOS UNA de las sesiones con dos niños apenas, Maria e Isabela. Ambas se muestran muy irascibles y tristes. Intentamos ver qué les pasaba, pero sin mucho resultado, pues nos mandaban callar.
>
> SE QUEDAN tiradas en los sillones, con apariencia de desánimo, impresión esta que pasaban a través de sus posturas. Pensamos si no fuimos radicales en los límites en la sesión anterior. Poco después tocan la puerta e Isabela dice:- ¡Llegó nuestro enemigo! Le preguntamos por qué Pedro sería enemigo. Isabela responde: - ¡Porque no lo quiero! Referimos que esto no lo torna su enemigo. Pedro, otro integrante del grupo, entra en la sala y en seguida se contamina por el clima de aspereza entre los niños y rechazo contra las terapeutas.
>
> MARIA SE muestra excitada, se cuelga de la ventana, se sube al armario. Intentamos sostenerla y entender qué le pasa. En determinado momento, se acerca de una de las terapeutas con una tijera y

amenaza cortarle el cabello. Sentimos que sabe que no puede hacerlo y no llegamos a imponerle límites, interpretamos su deseo de corte, ella se aleja, y en seguida Maria pide mucho pegamento.

Mientras tanto, Isabela va para la mesa y dibuja corazones coloridos y Pedro lleva los muñecos de la familia para jugar en la casita. A seguir, Isabela empieza a partir los corazones que dibujó, referimos que tal vez nos quiera decir alguna cosa con eso, que antes había hecho corazones coloridos y después partidos; le recordamos que está por ser adoptada, y que Paulo - un educador de la casa - la irá a adoptar. Le planteamos que ser adoptada es bueno por un lado, pero tal vez le parta el corazón tener que dejar su familia y su historia hasta entonces. Isabela habla de la esposa de Paulo que es muy querida. Maria dice el nombre de la esposa de Paulo, reafirmando como es querida, y entonces dice con mucho sufrimiento:- Los conozco a todos ellos..., todos... Lo conozco bien a Paulo. Hace una pausa y sigue: - ¡Y él me conoce desde que soy bebé! - Su dolor nos llega y el impacto generó un silencio perturbador. Pensamos entonces que ese era el gran dolor de Maria en la sesión. Después de un instante, una de las terapeutas dice: ¡Pero un día alguien podrá adoptarte también!

Anunciamos el término del tiempo. Al final de la sesión las terapeutas se sienten exhaustas y tristes. Contenidos muy duros pudieron aparecer. Cuando Maria dijo que Paulo la conocía desde bebé, era como se hubiera retirado el velo de su desilusión y revelado el motivo de su agitación: ¿por qué él y la esposa irían a adoptar a Isabela y no a ella, si la conocían desde bebé?

A partir del relato de este recorte de sesión pretendemos presentar algunos temas que consideramos relevantes para los objetivos de este trabajo.

El primero se refiere a lo que nombramos *juego de escucha.* Así lo designamos, por las diferentes versiones que observamos tener, cada una de nosotras, de algunos aspectos de la misma situación en sesión. Ese fenómeno se torna más evidente en situaciones contundentes afectivamente. Con propósito ilustrativo reproduciremos el diálogo de Maria con una de las terapeutas bajo la perspectiva de una de las observadoras del grupo.

> Maria y la terapeuta están más aisladas de los demás del grupo, cerca del espejo, donde están las observadoras por detrás. Maria dice:
>
> – Yo la conozco a Claudia (esposa de Paulo), los conozco a todos ellos, antes de Isabela. Paulo me conoce desde que yo era bebé.
>
> Se hacen algunos segundos de silencio, todos sienten el impacto de las palabras de Maria de forma intensa. La terapeuta retoma la palabra y dice:
>
> – Te debes preguntar por qué no fuiste la elegida, por qué Paulo eligió a Isabela y no a ti. Pero tú también puedes tener la oportunidad de ser adoptada por otra familia, un día alguien puede adoptarte también.

Este momento del diálogo de Maria con la terapeuta fue muy tocante, pudiendo describirse como el momento más difícil de la sesión. Maria finalmente logró nombrar su angustia. Ahí se evidenció el "juego de escucha": cada una de las terapeutas describió lo ocurrido de forma diferente. La terapeuta se acordó apenas de una parte de lo que dijera. La segunda terapeuta refiere haberse congelado, tamaño el impacto causado por lo que dijo la paciente; pensó qué hacer, qué decir, y por instantes le pareció que la sesión paró, como en una película. No logró escuchar más nada después de las palabras de la niña. Una de las observadoras registró de manera más completa la escena según el relato anterior.

Frente a eso, cuestionamos cuánto el impacto y la intensidad atraviesan la escucha y el registro de lo que pasa en una sesión. ¿Qué es posible registrar y recordar bajo impacto? ¿Es posible que utilicemos mecanismos de defensa, como los citados por Freud, de renegación,

negación y represión, provocando las cisiones evidenciadas en nuestros relatos como efecto? ¿Cómo enfrentar con esta escucha parcial, distorsionada, olvidada?

Es flagrante que la escucha de las terapeutas sufrió diferencias. La presencia de experiencias impactantes y macizas vividas por nuestro sensorial, predispone ese tipo de "juego". Creemos que la intensidad de estas experiencias se tornaría tóxica y justificaría tales cisiones en la escucha de las terapeutas.

Un segundo relato.

> HACE APROXIMADAMENTE un año, el grupo abrió nuevas plazas para pacientes; tres niños habían sido adoptados (incluso Maria, la niña del caso anterior) y se fueron de la ciudad. Además de eso, un niño se cambió de casa, yéndose para una casa-hogar muy distante, donde tendría mejores condiciones de vida. En esta ocasión, las psicólogas responsables por los abrigos y casas hogares indicaron algunos niños que creían tener necesidad de seguimiento psicológico. Se hicieron sesiones individuales de evaluación con los niños indicados y entrevistas con las psicólogas para que tuviéramos informaciones sobre la historia de vida de los niños que estábamos acogiendo.
>
> EN UNA de estas entrevistas, fuimos informadas de la historia de una de las pacientes que luego después de la evaluación, empezó a frecuentar el grupo. La psicóloga relató, entre otras informaciones de la familia de la paciente, que la madre de la niña respondía a un proceso por homicidio, pues la acusaban de haber asesinado al tío del marido (padre de la paciente), con "extremada crueldad" (sic) y esconder el cadáver desmembrado. Tal información fue relatada y dividida con el restante de las terapeutas del grupo, pero algo pasó, porque fue totalmente "borrada". Solamente en una segunda charla con la psicóloga del abrigo, la información pudo venir a flote y ser registrada. Un año de atención se pasó sin que el episodio de violencia extrema llevado a

> cabo por la madre de la paciente pudiera ser recordado y representado en la mente de las terapeutas del grupo. ¡Nos impactó demasiado darnos cuenta de eso! Desde entonces, observamos que la niña en el grupo traía muchas situaciones en las que picaba, cortaba en pedazos materiales que utilizaba. Pudimos trabajar estos contenidos con ella, destacando que su madre debería estar muy desesperada para realizar acto tan grave como el de matar a una persona. Aun se le dijo que lo que su madre había hecho en desespero, no la tornaba de ninguna manera responsable; que la madre era una persona y ella otra, que ella podía hacer su historia diferente. Cuando le dijimos eso, la niña sacude la cabeza afirmativamente.

En este segundo relato, nos impresionó el olvido frente a ese traumático episodio de la historia transgeneracional de Cándida. Entendemos este fenómeno como una alucinación negativa, concepto que Said (2006) / Green (1990) invita a pensar como una "incapacidad de ver la existencia de un objeto o del otro" (Said, 2006, p. 28, traducción propria). Pensamos qué tan difícil el percibir al otro en algunas realidades, tales como las de estos niños que atendemos en el grupo. Por veces, se torna insoportable. Así, ponemos un agujero en el lugar del "ser". Nuestra mente, muchas veces, se presenta incapaz de mirar libre, pensar y representar.

Maria Teresa Rocha (2009) plantea que el acto psicoanalítico, en lo que se refiere a lo traumático, busca propiciar la creación de sentidos. El analista actuaría como una "membrana paraexcitatoria", haciendo con que le sea posible al sujeto establecer conexiones, inscribiendo psíquicamente y transformando en representable lo irrepresentable. La creación de sentidos incluye la presencia consistente del analista, su acogida, su escucha y su habla. El *setting* se materializa en la presencia viva y vitalizada del analista en un cara a cara que permite reflejos narcisistas reparadores. Esa vitalización que emana desde el analista genera la erotización instituyente de las representaciones.

Estamos enteramente de acuerdo con Rocha, pero frente a nuestro olvido, proponemos pensar en lo que escapa a la escucha y a la representación. Nos percibimos en un estado de alucinación negativa frente a lo traumático, de lo que es difícil de conectar, de inscribir psíquicamente. Green (1990) al abordar el trabajo de lo negativo, refiere que este dice respeto a la utilización de mecanismos de defensa primarios: la represión, la escisión, la negativa y la forclusión. Tanto más estemos cerca de la pulsión, más mortífero será el trabajo de lo negativo. Este estado de cosas se tornó más perceptible a nuestra mirada y pasamos a tener más consciencia de las posibles fallas de la escucha, tal como verificamos que dichas omisiones tienden a reproducirse, circulando en los diversos subgrupos del trabajo: grupo con los niños, grupo entre los técnicos y grupo de educadores (concomitante al grupo con los niños, realizamos un trabajo con los educadores sociales, sus cuidadores, encuentro marcado por diversas faltas y desvitalizaciones).

A partir de estos lugares, indagamos: ¿qué no podemos escuchar, qué no se puede decir? En lo que respecta al grupo técnico, empezamos a cuestionar como nos organizamos. Somos muchos, tal vez más de lo que necesario para esta modalidad de tratamiento. Nos ponemos en posición de fuerza-tarea, la difícil (o imposible) tarea de aprehender aquello que escapa. Este proceso ha evidenciado la falta, que aparece como brecha de la escucha. Estamos más sensibles a estos fenómenos, realineando constantemente la técnica, el grupo y las conexiones psíquicas, colocándonos en un estado de disposición a la transformación, frente por veces a lo negativo, o justamente a la negatividad, tal vez por un tiempo, necesaria.

Muchas veces necesitamos revisar límites y condiciones del encuadre y reinventarnos como terapeutas, a punto de transformar no solamente la técnica con grupos, como también revisar la técnica de tratamiento individual, que creíamos, al principio, estar más apropiada. Si antes deseábamos rever y explorar la técnica de la psicoterapia en grupo a través de la práctica en psicoterapia individual, ahora nos proponemos a rever nuestra técnica como psicoterapeutas, incluso en los tratamientos individuales. Percibimos que en el trabajo en grupo el tema de la escucha y de la irrepresentabilidad es algo que ha circulado y se hace presente en nuestras atenciones de forma contundente. ¿Cómo eso ocurre en un trabajo de psicoterapia individual?

En el momento actual de esta experiencia nos estamos sintiendo "deshechas". Esperamos poder discutir las posibles transformaciones y límites necesarios de nuestro hacer y, quien sabe, alcanzar a partir de ahí, una consciencia transformadora de este hacer. Soportar la falta en el interior de la propia técnica de trabajo que realizamos, por el hecho de lo humano en nosotras, desnuda un lugar tan vulnerable dentro de nosotros, como de los niños que atendemos en el grupo. Ese desplazamiento radical del lugar del "supuesto saber", entra como rompimiento de las pocas certezas que cargábamos en el inicio de esta experiencia, aunque fortalezca la posibilidad de entrar en contacto con un dolor aflictivo tan dilacerante e intentar comprender al otro en su dimensión humana.

Referencias

Green, A. (1990). *Conferências Brasileiras de André Green: metapsicologia dos limites*. Imago.

Rocha, M. T. N. (2009). Mudanças técnicas e desafios na interface social da psicanálise. En B. Tanis & M. G. Khouri (org). *A Psicanálise nas tramas da cidade*. Casa do Psicólogo. (pp. 165-181).

Said, E. W. (2006). *Freud y los no europeos*. Global Rhythm Press.

Parte II
Psicoanálisis en el hospital

8. Hospital Maciel: analistas en la Comunidad Universitaria

María Cristina Fulco

Que la construcción de subjetividad tiene su apoyatura en las relaciones entre lo psicoanalítico, lo social, lo cultural y los ideales predominantes y transmitidos en el plano de lo discursivo en cada época, es algo, que podemos encontrar en la construcción del paradigma psicoanalítico en la extensa obra freudiana y postfreudiana.

El hecho que S. Freud, a lo largo de toda su obra, haya mantenido un diálogo e interés permanente con las más diversas disciplinas del mundo académico, literario, artístico, antropológico, mitológico y filosófico entre otros, da cuenta también del modo en que estos diversos campos del conocimiento se fueron incorporando y continúan nutriendo e interrogando las conceptualizaciones psicoanalíticas, aún en estos tiempos de mutación civilizatoria de esta mitad del siglo XXI en la que estamos inmersos .

Estamos lejos de los tiempos en que, para muchos, el psicoanálisis era considerado una disciplina independiente y cerrada. Los textos freudianos, como "El Malestar en la Cultura", ·El Porvenir de una Ilusión", Moisés y la Religión Monoteísta", "¿Por qué la guerra?" entre otros , dan cuenta de que modo el psicoanálisis estuvo inmerso desde los orígenes en el texto y contexto discursivo socio-cultural en el que se originó.

A modo de introducción quería comentar que los miembros fundadores de APU trabajaron desde los comienzos en las áreas de Salud Mental de hospitales públicos de la Ciudad de Montevideo y en el Hospital Universitario. Varios de ellos ocuparon además la titularidad de la Cátedra de Psiquiatría de la Universidad de la República, abriendo así el camino a la participación de los analistas de APU en tareas hospitalarias.

En mi caso yo descubrí el psicoanálisis siendo estudiante de medicina y realicé mi primer tratamiento, en una terapia grupal que duró 5 años y que se realizaba en el Hospital Universitario, en forma gratuita, con aquellos analistas de APU. Esos tratamientos eran ofrecidos a estudiantes de las más diversas disciplinas: derecho, medicina, sociología, antropología, arquitectura. La terapia grupal en la que fuimos pacientes 8 estudiantes universitarios duró 5 años a frecuencia semanal. Tuvo que terminar en forma abrupta por razones de seguridad, al comienzo de la dictadura militar (1973-1985), con el ingreso de las Fuerzas armadas al Hospital.

Al terminar mi formación en APU, volví al trabajo en el Hospital junto con otros colegas. Desde hace 15 años realizamos los llamados "Ateneos Clínico–Psicoanalíticos", en el Área de Salud Mental de la Cátedra de Psiquiatría de la Universidad de la República, en un Hospital Público. Atendemos pacientes que provienen de las zonas marginales y empobrecidas de la comunidad, así como a sus familias, lo que nos permite acercarnos, conocer y aprender sobre sus realidades sociopolítico-económicas y comunitarias. Son personas que han quedado históricamente excluidas de nuestros consultorios privados y de nuestras sociedades psicoanalíticas.

Aprendemos así la posibilidad de conocer sus códigos, juicios y valores, desde el lugar de extranjería en el que frecuentemente nos sentimos ubicados. Trabajamos con equipos multidisciplinarios, estudiantes de medicina y psicología, médicos, postgrados y residentes de psiquiatría, asistentes sociales, enfermeros, docentes de las diferentes cátedras médicas.

Esta modalidad de trabajo e inserción de los analistas en la comunidad hospitalaria, se despliega también en otros hospitales públicos de la ciudad.

Desde hace 5 años, y luego de dos años iniciales de debate en el instituto de APU, logramos una reforma sustancial en relación a un cambio en la currícula del plan de Estudios, que consistió en la realización en los extramuros de nuestro Instituto, de un seminario curricular para los analistas en formación. Este seminario cumple con los mismos requisitos que los seminarios realizados en el instituto de APU (participación activa, asistencia, trabajos escritos y evaluación por parte de los docentes y de los analistas en formación que concurren curricularmente al Ateneo.).

Estos seminarios son coordinados por docentes del Instituto.

Importa recordar que en la última reunión de Presidentes de Fepal de la gestión 2018-2020, surgió la propuesta de incluir en los planes de formación de los institutos de América Latina, la realización de seminarios curriculares en la Comunidad. Esta propuesta también ha sido planteada, en paralelo desde la IPA.

Creo importante compartir algunas de las evaluaciones hechas por los Analistas en formación que participaron y continúan participando en estas primeras experiencias, en la medida que dan cuenta a mi modo de ver, del modo en que el diálogo con la interdisciplina y la salida a la comunidad, como bien lo han demostrado S. Freud y los pioneros de nuestra disciplina, han contribuido a enriquecer nuestro paradigma en su doble vertiente teórico-práctica. Recordar también, la creación, en los orígenes, de las "Policlínicas gratuitas", en Berlín, Viena, Budapest, Londres, como también la preocupación de Freud de no trabajar únicamente con las elites.

Evaluaciones realizadas por diferentes grupos de analistas en formación del instituto de APU que han participado curricularmente de esta experiencia

Ateneo Clínico Psicoanalítico, Clínica Psquiátrica de la Facultad de Medicina Hospital Maciel

Docente Titular: María Cristina Fulco

Docentes Adjuntas : Gabriela Pollak, Zuli O´Oneill

Area V – Seminario Libre

¿Qué nos dejó el pasaje por la experiencia de este seminario?

La validación del ateneo del Hospital Maciel como seminario sin dudas constituye un espacio inaugural que nos parece extremadamente valioso, representativo de un quehacer más allá de las fronteras de las instituciones propiamente psicoanalíticas, evocándonos aquellos orígenes del psicoanálisis y su surgimiento unido a la clínica.

Este ateneo, obliga tanto a candidatos como a docentes a re-pensar su posicionamiento, en tanto deja de ser un seminario tradicional intra-muro al inaugurarse como espacio académico formal, tanto en la formación de analistas, como de psiquiatras, desmarcados ambos de su propio ámbito por la presencia de los otros.

La participación conjunta de seminaristas, egresados, docentes, así como de estudiantes de medicina, residentes de psiquiatría, psicólogos, residentes en psicología, hacen de esta instancia un espacio especialmente fermental, permitiendo un intercambio que agudiza la escucha.

La presencia de esos "otros" obliga a re-visitar conceptos que parecían acabados y a una necesaria traducción de los mismos, en el esfuerzo de hacer de ese encuentro, un verdadero diálogo, interpelando nuestra escucha de otros saberes disciplinares.

Poder aprender de la valoración del psiquiatra, de su diagnóstico, de qué se habla cuando se habla de trastorno de personalidad, o cuándo y para qué es pertinente la indicación de psicofármacos, o incluso de la comorbilidad con la presencia de enfermedades orgánicas, nos parece de especial importancia a la hora del intercambio. Diálogo que genera encuentros y desencuentros, matrimonio difícil y de todos modos necesario en diferentes momentos de nuestra práctica clínica.

El tránsito por la experiencia hospitalaria nos parece ineludible para los analistas en formación. La riqueza del ámbito hospitalario por el tipo de pacientes que se presentan, con cursos de vida complejos, con su presencia corpórea, su discurso, en la posibilidad de realizar preguntas, nos permite poder ver más allá de la transmisión del relato de un caso y no deja de ser un desafío pensar a estos pacientes "psicoanalíticamente". Poder ver esos bordes de las neurosis (y más allá) parece central a la hora de construir nuestra praxis

Lo desconocido genera angustia, dificultad que actúa como motor de búsqueda, obligando a encontrar puentes entre disciplinas, no para sujetarse o encasillar al paciente sino para enriquecernos a través de las diversas miradas.

¿Qué relación se puede crear desde este seminario con el objeto de estudio? Sin dudas debería ser lo menos teñida de ansiedad persecutoria y de una actitud superyoica o cargada de idealizaciones.

Una de las virtudes de esta salida "al mundo", es que en este "extra-muros" confluyen un espacio de aprendizaje con un espacio de difusión del psicoanálisis, obligando a dejar abierto el diagnóstico, a un dinamismo más de transferencia.

Analistas en Formación: Anabel Rodríguez, Claudio Danza

Evaluación del Segundo grupo de Analistas en formación. Ateneo curricular Clínico - Psicoanalítico del Instituto de APU realizado en el Hospital Público-Maciel

Asociación Psicoanalítica del Uruguay

Instituto Universitario de Postgrado en Psicoanálisis

SEMINARIO: Ateneo Clínico Psicoanalítico Hospital Maciel

Doc. Titular: María Cristina Fulco

Docentes Adjuntas: Ingrid Schwartz y Zulli O´Neill

Area V – 2018 (2º semestre)

Nos interesa transmitir aquí a modo de evaluación, algunas impresiones acerca de nuestra experiencia clínica como participantes en el Seminario "Ateneo Clínico Psicoanalítico Hospital Maciel" .

Se trata de un seminario teórico-práctico que se desarrolla en el Área de Salud Mental de dicho Centro de Salud, a partir de encuentros clínicos semanales con pacientes de Sala, ocasionalmente de Policlínica. En ese espacio de trabajo, desde el psicoanálisis se promueve el diálogo entre diferentes disciplinas, lo que convoca a repensar categorizaciones y perspectivas en torno al diagnóstico, pronóstico y estrategias terapéuticas.

En ese espacio, nuestro posicionamiento como analistas en formación se va nutriendo de las interrogantes que cobran actualidad y que circulan en torno a varias coordenadas: ¿El Psicoanálisis, cómo interpela las categorías psiquiátricas? ¿Logra desarticular el tono casi profético que por momentos asoma en el "discurso médico"? ¿Qué interrogantes abren camino a pensar la peripecia subjetiva como producción singular de un sujeto en devenir? Quizá ello implique un pensamiento clínico que efectúe movimientos de-constructivos, en la línea propuesta por Viñar y Barrán al ahondar en los efectos de la medicalización, según recogía uno de nosotros en su trabajo escrito:

> *Los temas de salud mental conciernen a la cultura vigente tanto como a la psicopatología. La subjetividad no habla solo de un sujeto interior sino relacional. Este prólogo a la clínica es necesario para evitar la captura en el síntoma y en la medicalización (Viñar, 2018, p. 17-18). Crear un espacio interrogativo del "quién eres" más allá del eje de lo normal y lo patológico, de lo sano y lo enfermo, que son un imán reductor como la piel de zapa, simplificador, porque vuelve monocausal algo que es axiomáticamente multiaxial. Posicionarse como interlocutor y testigo, no como técnico, me parece una distinción capital y un aporte del freudismo. Hoy día, lo más difícil de un diálogo veraz es entablarlo, restablecer el espesor del psiquismo, allí donde la descarga catártica busca expulsarlo. Trivializando el intercambio, mediante la aceleración (Desamparo/Congreso APU, Agosto 2018. Conf. M. Viñar: Actualidad del Psicoanálisis).*

En esa comunidad de la que nos vamos sintiendo parte, somos impactados junto a los profesionales y estudiantes de otras disciplinas, y nos preguntamos con cada paciente en el hospital: ¿Cómo articular los aspectos que insisten en la escucha en torno a las vulnerabilidades provenientes del contexto social, las heterogeneidades de lo cultural, los rasgos de lo efímero, en una sociedad presentista-consumista?

El intercambio entre los participantes, con diversos esquemas conceptuales de referencia, se vuelve quizá uno de los planos de mayor interés y exigencia desde nuestra perspectiva; pero sin lugar a dudas, el más enriquecedor. Se genera un particular modo de acercarnos y contactar con el sufrimiento del paciente, en la primer hora de las dos que dura el encuentro interdisciplinar, siendo testigos activos de la entrevista realizada generalmente por un residente o posgrado de psiquiatría, pero participando en el tramo final una de las psicoanalistas a cargo. Esta forma de hacer clínica, moviliza un potencial analítico, que al interrogar los saberes instituidos, enriquece la comprensión del paciente y otorga "un plus" a la experiencia personal de todos quienes participamos. La clínica nos conmueve, y nos transforma cada vez.

En el encuentro con cada paciente, la escucha y la transferencia van ofreciendo marco a los significantes que desde la atención flotante comienzan a permear en el grupo. Se vivencia el impacto del sufrimiento psíquico que se desplaza, en su urgencia, a la materialidad de las estrategias terapéuticas. Así durante la segunda mitad del encuentro y luego de que se retira el paciente, se produce el intercambio entre los participantes. Interlocutores de diferentes disciplinas y trayectorias de formación, vuelcan su perspectiva sobre lo vivenciado, mientras que la singularidad de los pacientes que llegan al Maciel nos enfrenta generalmente, al apremio por definir "el proyecto terapéutico" el que, muchas veces, surge en un registro más próximo al amparo.

Desde la perspectiva del psicoanálisis, el camino se construye a partir de la posición del sujeto que se interroga en relación a su sufrimiento y esto relanza la búsqueda de sentidos en torno a sus marcas subjetivas. Supone trazar coordenadas para el encuentro analítico, otra temporalidad y un encuadre para instalar la transferencia.

En un campo tensionado por los códigos de cada disciplina, por lo efímero del encuentro y lo inusual del encuadre hospitalario, constituye un desafío aproximar una lectura transferencial, a lo que conmueve de la presencia del otro; un otro al que veremos por primera y única vez.

Asistimos, por momentos, a la producción de relatos e intentos de historización que pretenden hacer lugar a un movimiento subjetivo, donde el paciente intenta dar cuenta de su situación actual, y que desde nuestra escucha nos remite a las series complementarias freudianas.

Sabemos de (...palpamos en esta experiencia) la necesidad de ir más allá de la enfermedad, para comprender los síntomas en términos de conflicto psíquico, y al cabo de la hora de Ateneo nos interesamos por alcanzar alguna hipótesis clínica que permita comprender el entretejido de hechos y vicisitudes que han incidido en el sufrimiento actual. Son muchas las historias que nos hablan de exclusión, desprotección, desamparo, precariedad, maltrato y abusos; muchos los pacientes cuya vida está centrada en subsistir, a los que les cuesta dar cabida al anhelo y al proyecto, que sólo viven en la urgencia del presente y les cuesta desplegar en su relato y en su mente, la experiencia humana de la temporalidad en pasado, presente y futuro.

Al retirarse el paciente, la capacidad de escucha así como la de alojar y legitimar la alteridad del otro, se ponen de manifiesto en el diálogo interdisciplinar que se produce en el "a posteriori" lo cual es esperable, si consideramos no sólo las diferencias individuales sino, las provenientes de los cuerpos teóricos y prácticos de cada integrante del grupo. Esta diversidad ineludible, nos enfrenta a la necesidad y a la importancia de que el Ateneo se constituya en un espacio donde cada uno de los participantes, se sitúe de modo abierto al otro y como profesional permeable a las diferentes disciplinas allí representadas. Parece de perogrullo resaltar este punto, pero es que no basta con pregonar las ventajas del trabajo interdisciplinar, sino que hay que estar dispuesto a estas "aperturas" que enriquecen y amplían nuestra visión profesional y personal, cuyo fin principal debiera ser, avanzar en el logro del más adecuado abordaje del paciente que ha llegado en busca de ayuda al hospital.

Es que existe el riesgo de reproducir como sociedad y como profesionales, dinámicas de indiferencia ante el dolor ajeno, falta de escucha y respuestas empáticas, tal como son citadas por los pacientes de algunos centros que no se sienten habilitados por el profesional que lo recibe, en su condición de narrador de su propia historia. Es que no hay narrador sin testigo o sin escucha empática, tampoco hay narración que no sea para alguien.

La heterogeneidad que se produce en los Ateneos del Maciel nos protege, diría Viñar, contra la omnipotencia y la negación. Es su antídoto. El otro sabe cosas que yo no sé y éste es un aspecto imprescindible para comprender un mundo que es demasiado complejo para un solo narrador, y sólo hay dos caminos para ¨*resolver*¨ tal heterogeneidad: el conflicto y la complementariedad (también algunos hablan de suplementariedad).

Por ello valoramos este espacio que ha logrado crear y mantener APU y las autoridades del Maciel, como una instancia donde cada uno, desde su lugar, advierte un punto ciego en lo que hace y cómo piensa y se abre también para integrar nuevos criterios, ideas o conocimientos.

El grupo se vuelve entonces, un factor enriquecedor no sólo de la práctica y la formación académica sino también, de la mirada individual y personal que se interesa por los problemas de la condición humana. Aquello que no tiene respuestas fáciles ni unívocas, sufrimientos que son "nuestro pan de cada día", que en ocasiones tienden a diluirse en un mundo ¨que va muy apurado¨ para detenerse a pensar cómo intervenir en ellos.

Es *éste* un camino de construcción a largo plazo, y aunque a veces desespera por no tener la prueba inmediata de sus logros, vale sostener la incertidumbre, vale alimentar ¨la expectativa confiada¨, en pos de ampliar el sentido de nuestra tarea como psicoanalistas y seguir trabajando en la búsqueda de respuestas más adecuadas para una sociedad que sufre los embates de estos tiempos

Analistas en formación: Elizabeth Orge, Claudia Martínez , Ariel Mirkus

Evaluación Seminario Ateneo Hospital Maciel

MARTES 10:00 A 12:00

PRIMER SEMESTRE 2022 Eugenia Cerantes Juan Andrés Janzich Martín Mazzella

La siguiente nota se trata de la evaluación que realizamos los tres participantes del seminario que tuvo lugar en el primer semestre de 2022 (marzo a junio), en el Ateneo clínico psicoanalítico en el Área de Salud Mental del Hospital Maciel, perteneciente a ASSE. Este seminario tiene algunas características que lo vuelven singular dentro de la grilla que propone el IUPP a los analistas en formación. La propuesta que se ofrece es la participación en entrevistas clínicas que se le hacen a pacientes internados en el área de Salud Mental del mencionado hospital, previo a la lectura de una historia resumida del paciente, para dar luego paso al intercambio sobre la situación. Participan del espacio de ateneo, los/as posgrados residentes en psiquiatría de adultos, internos de Medicina y docentes de la Cátedra de Psiquiatría de la Facultad de Medicina (UdelaR), psicólogos/as, practicantes y residentes de Psicología (UdelaR), analistas en formación de IUPP - APU y docentes del IUPP, así como profesionales del hospital. En este encuentro multidisciplinario, se promueve el diálogo e intercambio sobre los/as pacientes entrevistados/as desde las distintas miradas y perspectivas (médica, psicológica, psiquiátrica, psicoanalítica). Asimismo, se busca, en la medida de lo posible, pensar en la derivación del/a paciente a espacios externos al hospital para que pueda continuar con un tratamiento a mediano plazo, de forma de dar respuesta a la situación vital de la persona y de su sufrimiento, luego del alta médica. A su vez, se trata de un espacio que a los/as analistas en formación (y a todo/a quien participe) nos permite acercarnos a un potencial enriquecedor, difícil de aprehender de forma previa y que se vincula con la singularidad y especificidad de esta práctica, diferenciándose claramente de otras propuestas de seminarios, en lo que nos ofrece y en lo que nos demanda. Entendemos que el intercambio con otras disciplinas resulta particularmente enriquecedor porque estimula a detenernos sobre los propios conceptos, métodos de abordaje o marcos teóricos de referencia a la hora de pensar en torno a las situaciones clínicas. Los sobreentendidos que, muchas veces, al intercambiar sólo entre quienes trabajamos y pensamos desde el psicoanálisis, pueden dar por sentados sentidos con relación a un concepto o a la lectura que de una situación se hace. A menudo, pueden obturar la necesaria apertura que la singularidad humana nos demanda, constituyendo un "sentido común". El intercambio con otras disciplinas hace que lo que podríamos dar por sobreentendido pueda no entenderse, y en ese movimiento abre la posibilidad de repensar nosotros mismos sobre la forma en que disponemos de nuestro acervo conceptual y qué sentido les damos en el trabajo clínico. Por otra parte, resaltamos - dentro del escenario hospitalario que implica este seminario - el especial valor en poder recibir y escuchar pacientes en una heterogeneidad que, muchas veces, los ubica lejos del/a paciente que podrá llegar a una consulta particular y que podría recibir cada uno de nosotros. En este sentido, el recorrido por este espacio nos implicó asistir en el ateneo a la escucha de pacientes en situaciones de consumo grave, con IAE en múltiples formas y gravedad, así como con características psicosociales que podrían hacer pensar en cierta dificultad para sostener un tratamiento analítico fuera del ámbito y encuadre hospitalario. Asimismo, destacamos como otro aspecto significativo de este seminario y sus particulares características, la posibilidad de intercambio y entrecruzamiento de saberes ante una misma situación clínica. Es decir, supone para los/as analistas en formación, un espacio de "puesta a punto" en poder dar cuenta de una mirada psicoanalítica en un contexto médico, donde la mirada psiquiátrica es la imperante y desde donde se codifica el sufrimiento del sujeto. De esta manera, poder interrogar, poder balizar o bien poder escuchar y señalar aspectos del discurso del/a paciente desde una escucha psicoanalítica, coincidimos, ha supuesto tanto un desafío continuo, así como - en muchas oportunidades - una chance de abrir otros sentidos posibles respecto al/a paciente y a las manifestaciones de su sufrimiento que nos convoca en un preciso contexto y momento. También hay que señalar que, no solo este seminario ha implicado la posibilidad de intentar introducir una escucha diferente en los espacios de ateneo en los que participamos, sino que nos ha confrontado con el dolor y el desvalimiento del otro, en un momento crítico de cada una de sus vidas. De muchas personas - jóvenes y adultos en diferentes etapas y situaciones de vida - que han llegado a dicho contexto hospitalario, por voluntad propia o no, y también por la acción y asistencia de terceros. Podremos pensar que la movilización afectiva es una herramienta clave de la tarea analítica, en el marco de un vínculo transferencial que se instaura y de la noción de proceso que se pretende en todo trabajo clínico y analítico. No obstante, dicha movilización afectiva en la escucha de los/as pacientes de este preciso contexto hospitalario, ha implicado un trabajo con el impacto, con la singularidad y fugacidad de cada encuentro y posterior ateneo que posibilita el intento de co-construcción de sentidos que habiliten la comprensión de ese particular sujeto que ocupa - transitoriamente - el lugar de paciente, así como también - transitoriamente - nosotros ocupamos el lugar de quienes lo/a escuchan y lo/a piensan. Consideramos que el tránsito por este seminario resultó beneficioso para nuestra formación en psicoanálisis, en la medida que nos permitió acercarnos a poblaciones en situación aguda, de crisis. El poder pensar con otros, con profesionales de otras disciplinas, en un intercambio respetuoso, que lo que busca es poder dar respuesta al sufrimiento de los/as pacientes que la institución recibe, enriqueció nuestra mirada y escucha ante las situaciones que se presentaban, brindándonos otras herramientas de pensar nuestro abordaje como analistas.

En el momento actual, esta actividad de 5 años de trabajo en el Hospital, está formalmente sostenida por un Convenio hecho entre el Instituto Universitario de Posgrado en Psicoanálisis de APU (IUPP) y la Cátedra de Psiquiatría de la Facultad de Medicina Universidad de la República

A modo de síntesis, podemos decir, que el aporte que esta actividad en el extramuros del Instituto de APU ofrece a la adquisición de la identidad analítica, se abre en tres vertientes centrales:

- La riqueza de la Clínica y de la práctica, en la medida que recibimos pacientes que raramente llegan a nuestros consultorios privados.
- El diálogo con la interdisciplina, que nos abre el camino a un enriquecimiento mutuo.
- El trabajo con pacientes que pueblan los márgenes de nuestras ciudades y que nos aportan el acercamiento a otras culturas, código y valores, ubicándonos muchas veces en un lugar de extranjería, desde el cual tenemos mucho que aprender.

Referencias

Danto, E. Ann. (2018). *Psicanálise e justiça social.* RBA Libros.

Fulco, Maria C. (2020). Transmissão e ética em Psicanálise. *Psicanálise. XLII-n.* pp. 223-234.

Fulco, Maria C. (2019). A subjetividade do analista e os "estranhamentos" da clínica. *XXVII Congresso Brasileiro de Psicanálise FEBRAPSI.*

Fulco, Maria C. (2019). Na análise de treinamento. En A. Cabral & A. Fainstein (comps.). *Debates B Aires.* APA.

9. Sociedad Argentina de Terapia Intensiva Comité de Bioética. Programa de soporte emocional durante la pandemia para socios miembros de la SATI

María Haydée Canteli, Mónica Capalbo y Mariana L. Pedace

"El compromiso es un acto no una palabra"

Jean Paul Sartre

El grupo psicoanalistas en la Comunidad de Fepal convoco a sus distintos miembros a realizar una publicación sobre, algunos de los programas que durante estos 5 años de su conformación se han realizado en la comunidad.

Nuestro grupo pertenece al Comité de Bioética de la Sociedad Argentina de Terapia Intensiva, el mismo fue formado hace más de 30 años por profesionales de distintas especialidades, con experiencia en Áreas Críticas, tiene una conformación interdisciplinaria, compuesto por médicos, enfermeros, filósofos, abogados, psicólogos, kinesiólogos, asistentes sociales, nutricionistas contando además como consultores a religiosos de distintos credos.

La Bioética como disciplina estudia los problemas éticos que surgen del desarrollo de la biología, la tecnología en la medicina actual. Es una ética aplicada. Que ha cobrado un auge importante debido al impacto de los avances tecnológicos y científicos de los últimos tiempos.

- Diálisis.
- Trasplante.
- Fertilización asistida.
- Investigaciones Genéticas.

El Comité esta abocado a evaluar las nuevas actitudes sociales y culturales, para poder plantear y trabajar sobre los principios bioéticos que se ponen en juego en los ámbitos de las unidades de Terapia Intensiva (UTI).

Dichos principios pueden ser mencionados como: Paternalismo – Autonomía – Beneficencia – No Maleficencia – Justicia distributiva – Humanización de la asistencia – Satisfacción Equipo de salud – Paciente – Familia.

La intervención de los Comités de Bioética se extiende a intentar ser competentes en los Conflictos bioéticos tales como: Consentimiento Informado-Futilidad-Encarnizamiento terapéutico.

Trabajando en nuestro Comité, orientamos nuestro accionar con algunas preguntas que frecuentemente nos hacemos para encaminar la tarea:

- ¿Percibimos los conflictos bioéticos en nuestro entorno?
- ¿El estado de alerta permanente, nos ha insensibilizado?
- ¿Tenemos dificultad aún para nombrar distintos tipos de problemas?
- ¿Nos sentimos en un estado de sumisión que impide reaccionar'
- ¿Creemos que ciertas cosas son responsabilidades de otros miembros del equipo?
- ¿Pensamos que somos los únicos que detectamos los problemas bioéticos y los demás son insensibles?
- ¿Nos quedamos en la simple catarsis?

Consideramos importante participar de esta publicación y dar a conocer el programa que llevamos a cabo durante los primeros años de la Pandemia, urgidos por la necesidad de enfrentar la adversidad ante un reto tan nuevo como inédito que convocaba a los especialistas en Medicina Critica.

El programa intentó ayudar a sostener la Salud mental de los consultantes, conmocionados por el terror, el sufrimiento y la necesidad de elaborar teorías y acciones terapéuticas salidas de la necesidad y de la emergencia como una forma de aprendizaje de la propia subjetividad ante la muerte y la posibilidad de sobrevivencia.

Nunca en la historia reciente de nuestro sistema de salud se había dado una situación de estas características, tan amplia y que *involucre a tantas personas al mismo tiempo.* Por eso, se hizo necesario que programas de asistencia como este fueran novedosos, honestos y se basaran en la mejor evidencia científica disponible. También, resultaba imprescindible contemplar a las personas afectadas en toda su complejidad, porque, además del resguardo del contagio al virus, era fundamental cuidar la integridad mental, emocional, socioafectiva y económica.

Nos dimos cuenta de que se avecinaba también una pandemia de enfermedad mental y que debíamos tener una respuesta urgente y prioritaria. Si no abordábamos el bienestar emocional de los miembros de nuestra sociedad científica, iba a haber costos humanos, sociales y económicos a largo plazo con enormes consecuencias.

Sabemos que el aislamiento social -sobre todo el prolongado- impacta negativamente en el bienestar mental. Si bien el estrés es una reacción física y psicológica normal a las demandas de la vida, los múltiples desafíos a los que nos enfrentamos en esos momentos pueden empujarlo más allá de su capacidad. Entonces, esta exposición excesiva y duradera al estrés puede generarnos un agotamiento físico y mental que hace que nos sintamos abrumados e incapaces de satisfacer las demandas constantes. Existen diferentes estudios que demuestran que los aislamientos sociales provocan estrés postraumático, depresión, ansiedad, agotamiento, insomnio, preocupaciones psicosomáticas, frustración, desapego, mayor uso de sustancias, violencia doméstica, confusión e ira. Es importante destacar que algunos de estos efectos podían ser duraderos.

Sintetizando al diseñar el programa de asistencia emocional para los intensivistas sabíamos ante la posibilidad de una pandemia de enfermedad mental y, debíamos tener una respuesta urgente y prioritaria.

Hoy en día ante las sucesivas olas de recrudecimiento del Covid-19, año tras año aun contando con vacunas, hemos aprendido que es indispensable contar con un plan estratégico, que sea integral y multidisciplinario y que nos dé cierta perspectiva apoyado en la evidencia científica, con datos fiables, que aborde la enfermedad mental a la par de la salud física.

Por nuestro lado a través del Comité hemos recomendado que las necesidades de salud mental deben tratarse como un elemento central de la respuesta a la pandemia del Covid-19. Es clave que la sociedad tenga un horizonte en el que haya una discusión sobre cuestiones sanitarias, sociales y económicas que se lleve adelante sin luchas estériles y contraproducentes de facciones, y que nos permita reducir la incertidumbre.

Este trabajo como seguramente los demás reunidos en este manual, quedaran como un registro, fuente de experiencias y propuestas para tiempos traumáticos.

A modo de introducción

En el inicio de la pandemia

La situación causada por el coronavirus SARS-CoV-2 desencadeno una situación sanitaria y social que fue creciendo exponencialmente.

Desde los primeros casos reportados en China a fines del 2019 se fueron reportando situaciones de personas afectadas en más de 180 países, a nivel mundial y lamentablemente con un número creciente de decesos.

Esto fue haciendo tomar conciencia que el impacto de esta situación iría más allá del espectro de manifestaciones clínicas propias de la enfermedad, la aparición de este nuevo virus cambiaria radicalmente y en muy poco tiempo el modo de vida y la economía de prácticamente todo el mundo, enfrentando a la humanidad a una realidad a la que no estamos preparados.

Dentro de las repercusiones más importante de esta pandemia se sabe sin ninguna duda, la importancia de considerar, el alto riego del impacto en la salud mental del personal sanitario que debió atender a pacientes con Covid-19, con riesgo de desarrollar desde trastornos psicológicos hasta enfermedades mentales.

Enfermedades mentales

Los datos científicos basados en evidencia e intervenciones de salud mental dirigidas a los trabajadores del área de la salud eran escasos.

Considerando que lo disruptivo de la aparición de este virus traerá un efecto traumático que será necesario procesar, el Comité de Bioética, con más de treinta años de existencia, propuso a la Sociedad Argentina de Terapia Intensiva (SATI), en marzo del año 2020 y en el contexto de la Pandemia Covid-19, organizar y ofrecer un programa de apoyo emocional a sus miembros, profesionales de la salud que, con mucha dedicación y generosidad, brindaban atención y cuidado a toda la población.

Dentro del Comité desde su fundación, hasta hoy en día, ha sido un tema de interés progresivo y continuo, el proceso de desgaste emocional que afecta a los profesionales que trabajan con el sufrimiento humano en estas áreas, a los pacientes y sus familiares.

Considerábamos que las circunstancias actuales, los afectarían psicológicamente, pudiendo requerir asistencia para sobrellevar las mismas.

Medicina Critica - Medicina Intensiva

Es la parte de la Medicina, que se ocupa de los pacientes con una patología que haya alcanzado un nivel de severidad tal, que suponga un peligro vital, actual o potencial, susceptible de recuperabilidad.

Los profesionales que trabajan en estas áreas utilizan un conjunto de procedimientos invasivos, diagnósticos y terapéuticos, esenciales para el manejo de los pacientes críticos.

Más de un tercio de los pacientes admitidos a las unidades de cuidados intensivos experimentan eventos adversos inesperados, siendo las infecciones nosocomiales una de las complicaciones más frecuentes. Es por ello por lo que siempre debe haber un monitoreo importante dentro de las áreas críticas y que se cumplan los protocolos higiénicos, de seguridad y médicos para evitar las complicaciones de estos pacientes, lo que busca es la recuperación exitosa del paciente, exigiendo una dedicación plena del personal para poder cumplir estos requisitos.

Es importante reconocer que el esfuerzo mayor durante la Pandemia estuvo en estos ámbitos.

El contexto en Medicina critica provoca de manera visible un desgaste emocional de los profesionales en su trabajo terapéutico y/o rehabilitador con el sufrimiento humano de personas y grupos. El mismo sabemos que tiene diferentes maneras de expresión, licencias médicas, deserción de áreas de trabajo, incremento de consumo de sustancias, actitud de omnipotencia y cambio de relaciones entre los profesionales y sus seres significativos y fundamentalmente severas dificultades en torno a la eficacia de los distintos programas desarrolladas.

En los últimos años ha existido una progresiva demanda por parte de los trabajadores de la salud para considerar también el riesgo y la protección para ellos, en el área de la salud mental, denominándola necesidad del autocuidado. La experiencia clínica en la atención de pacientes permite experimentar, vivencias sensibles que provienen de la subjetividad de estos, que se ponen en juego en la transferencia. En cambio, las propuestas de trabajo con grupos vulnerables como el caso de, la Pandemia Covid-19 hizo experimentar, vivencias y aún hechos en relación con el contexto social, en el que está inmerso el sujeto y su experiencia

Podemos sintetizar las circunstancias frecuentes que hacen al quehacer de terapia Intensiva y de la Medicina Critica en general en las siguientes situaciones:

- La aplicación ilimitada de todos los tratamientos posibles.
- La vigencia del principio de autonomía.
- La dificultad y complejidad para establecer la efectividad de un tratamiento.
- Cuando sólo se prolongue un cuadro irreversible
- Cuando el sufrimiento sea desproporcionado
- Cuando se conozca la voluntad del paciente
- Cuando exista sucesiva claudicación de órganos

Estas circunstancias en los/as profesionales de la salud, como se mencionó anteriormente tienen mayor riesgo de presentar problemas de salud mental tales como síntomas de depresión, ansiedad, angustia e insomnio (Lai et al., 2020).

Con el claro propósito de *cuidar a los que cuidan*, se pensó que con este programa podríamos ayudar a procesar las situaciones angustiosas y traumáticas que comenzaban a vivir cotidianamente los trabajadores de la salud que a diferencia del resto de la población , estaban en la primera línea de atención y no podían alejarse de sus lugares tradicionales de trabajo, sino todo lo contrario.

Si bien durante la Pandemia, empezaron a sugerirse distintas formas de ayuda, este Programa de Soporte Emocional, tenía (y tiene) como intención, poder intervenir en *situación de crisis con tiempos limitados*, privilegiando la escucha como forma privilegiada de contención, sin intentar llevar a cabo una práctica psicoterapéutica tradicional (Puget & Wender, 1982).

La presencia de psicólogos y psicoanalistas en nuestro equipo, permitió ir elaborando un marco teórico referencial, para poder designar, describir, explicar e intervenir en procesos de Riesgos de Equipo, Burnout y Autocuidado.

La práctica clínica, y la perspectiva teórica psicoanalítica nos permitió fundamentar los modelos de intervención tanto en lo individual como en la dinámica grupal en estos espacios de alto riesgo emocional donde se demandaba nuestra intervención.

El conocer los conceptos bionianos sobre grupo y tareas que los convocan, desplegando la mentalidad grupal fue esclarecedor, así como la comprensión de las ansiedades muy bien estudiadas por Pichon-Riviere, quien sostiene, lo importante de poder trabajar con ellas para evitar defensas y dinámicas disfuncionales que constituyen un riesgo para las personas y grupos, particularmente para quienes desarrollan su trabajo con situaciones de riesgo critico.

Por otro lado, el Comité de Bioética desde su creación ha priorizado la consideración del tema del Burnout (Freudenberger, 1974); intentando describir, interpretar, y proponer modalidades de intervención que promuevan la competencia para los procesos de afrontamiento del estrés y lo disminuyan.

El Síndrome Burnout se define como "una respuesta a un estrés emocional crónico cuyos rasgos principales son el agotamiento físico y psicológico, una actitud fría y despersonalizada en la relación con los demás y un sentimiento de inadecuación en las tareas que se ha de realizar" (Maslach & Jackson, 1981). Es aplicable a trabajadores de servicios de ayuda, quienes se utilizan a sí mismos como herramienta en el trabajo con otros. Se asocia con la sobre implicación por parte del profesional, lo que aumenta las posibilidades del sentido de fracaso, deterioro de la salud mental y deseo de abandono del trabajo. Para el caso de profesionales de la salud mental, estos aumentan su vulnerabilidad y riesgo debido a la exposición constante al trauma de sus pacientes.

Objetivos del programa de asistencia emocional

- Dar contención a la ansiedad y brindar sostén al equipo de salud con el fin de evitar el daño a sí mismo o a terceros.
- Orientar la utilización y/o mejorar las redes de apoyo.
- Promover el reconocimiento y fortalecimiento de sus propios recursos, con la idea de permitir que los consultantes puedan enfrentar esta situación tan abrumadora.
- Trabajar en diálogo interdisciplinario, para desarrollar modos de intervención.

Material y métodos

Contacto y encuadre

La SATI, con la colaboración de su Soporte Técnico, colocó en su web la siguiente dirección de correo electrónico soporteemocional@sati.org.ar

A través de este mail, cualquier socio/a de SATI podría comunicarse con el equipo para hacer su consulta, dejándolo/a en libertad de dar su número de teléfono o su email, para establecer el contacto.

Una vez asignado el caso, los profesionales a cargo del programa se comunicaría con el/la solicitante por vía telefónica o por mail.

El contacto se realizaría de la siguiente manera:

1. Nos presentaríamos como equipo del Programa de Soporte Emocional de SATI.
2. Se plantearía el ENCUADRE, explicando que éste sería un servicio que funcionaría durante la crisis del Covid-19. También se mencionaría que se trataría de una intervención breve, aunque de ser necesario se plantearían nuevas consultas.
3. Finalmente quedaría muy claro que se trataría de un servicio gratuito y que de ningún modo constituiría una terapia, esto resultaba muy importante explicitar ya que algunas personas podrían tener falsas expectativas al respecto.

La escucha en medicina critica – Actitud y características de la escucha

En este tipo de trabajo salimos hacia la comunidad de intensivistas con un tipo de escucha activa e implicada buscando instalar espacios de confianza e intercambio con los consultantes, para que los padecimientos emocionales y sus efectos se pudieran transformar en una red de cuidados mutuos.

Se trata de escuchar lo que el consultante siente, acompañando frente a lo que es problema y lo que no lo es, abriendo espacio a posibles transformaciones de su realidad. Las intervenciones serían cuidadosas, receptivas, evitando emitir juicios u opiniones. La atención estaría fundamentalmente centrada en las características de los agentes estresores, la información errónea, los miedos, las frustraciones, etc.

La actitud de las profesionales intervinientes es de características parecidas a las que se mantendría con un paciente o consulta institucional: una distancia correcta y empática, sin frialdad, pero tampoco cercanía excesiva. Este tipo de escucha significa: escuchar en la práctica "con" un otro, cuyo objetivo se consolida en torno a la salud colectiva. Las intervenciones en todo momento apuntarían a promover la resiliencia de los/las consultantes, mediante la resignificación de la experiencia, la puesta en valor y/o desarrollo de estrategias de afrontamiento eficientes y el fortalecimiento de las redes de apoyo social disponibles.

Los psicoanalistas que hacemos nuestra práctica en instituciones de salud, intentamos reforzar la idea, que *el psicoanálisis* puede y es capaz de ser ejercido en estos ámbitos, a pesar de sufrir permanentemente la embestida de políticas que le son adversas, pero se acepta los tratamientos institucionales tienen un límite de tiempo.

Fue muy importante que, viendo en la postpandemia, cuando se sucedían rebrotes cada año de enfermos de Covid-19, planteamos en nuestro comité mantener este programa, considerando la posibilidad de seguir promoviendo asistencia clínica al personal que se evidenciaba *gastado y exhausto* adecuando nuestra técnica a las condiciones actuales.

Las actividades realizadas en plena epidemia de Covid-19

- Reuniones de equipo con encuentros virtuales periódicos
- Evaluación de las consultas recibidas y discusión de las acciones a seguir.
- Participación en Ateneos de SATI.
- Actividades académicas de otras instituciones universitarias y de prácticas comunitarias.
- Presentación del programa y difusión de su contenido psicoeducativo en función del impacto de la pandemia en la salud mental de los profesionales atendidos, estrategias de autocuidado y recursos de afrontamiento.

Las entrevistas virtuales solicitadas a través del mail: fueron desarrolladas a distancia, por una o por las tres profesionales del equipo con el/la consultante para definir las principales problemáticas y acciones a tomar.

Algunos efectuaron su consulta en forma individual, en función de las vivencias que los atormentaban. Otros lo hicieron de manera grupal, tratamos de establecer la comunicación posible, con la idea de brindar la escucha necesaria.

Evaluación parcial

Este Programa creado en el mes de marzo del 2020, con la autorización y acompañamiento de la Sociedad Argentina de Terapia Intensiva se lo sostiene, dadas las circunstancias. Las profesionales intervinientes tienen registro de las consultas, con el fin de documentar la información y a los efectos de un adecuado seguimiento en el tiempo.

Este tipo de experiencia plantea la necesidad de un diálogo constante con el equipo de trabajo, para que las ansiedades que se susciten en la interacción puedan encontrar pensamiento y transformación.

Algunas consultas por su complejidad requieren discusión y distintos abordajes en la atención clínica, para poder ser derivados de manera oportuna, a centros de atención psicoterapéutica y/o psiquiátrica, cuando las circunstancias lo requieran.

El objetivo permanente es poder reconocer y ayudar a recuperar el uso de los recursos yoicos perdidos durante la crisis.

La metodología ideal para este tipo de programas siempre está basada en la intervención compartida por el equipo para el sostén e interrelación entre sus miembros.

No podemos dejar de mencionar que con este programa tuvimos la oportunidad por primera vez en nuestra institución (la SATI), desde el Comité de Bioética, se pudo proponer y organizar un dispositivo de estas características.

Si bien en nuestro país se han atravesado otras circunstancias dolorosas y de desborde para los profesionales de terapia Intensiva que han participado activamente por su rol asistencial (los atentados terroristas perpetrados contra la Embajada de Israel y la AMIA, tragedias comunitarias como la de Cromañón (incendio de un local de baile y lo sucedido en la estación ferroviaria de Once), fue la Pandemia la que permitió sostener un programa de esta características.

Resultados

¿Cuál ha sido el impacto del programa en la comunidad a la que estaba dirigida?

Todos somos sobrevivientes de una pandemia porque, en mayor o menor medida, todos quedamos con secuelas físicas y psíquicas, se nos modificó la vida, rompió con lazos sociales, nos aisló de seres queridos y el temor a la muerte nos subsumió en un presente continuo que rompió la temporalidad. Por momentos, sentimos que no pasaba más y que no teníamos futuro predecible. Actualmente seguimos transitando, una época de alta exigencia psíquica.

Después de tres años han sido pocos los estudios centrados en las consecuencias en la salud mental que sufre el personal de salud.

En el caso de nuestro programa, los resultados se pudieron evaluar de manera diferente según el tipo de consulta, categorizamos las principales problemáticas percibidas por los/as consultantes de la siguiente manera:

- Ansiedad intensa, angustia, malestar, incertidumbre, cansancio y falta de motivación.
- pérdidas de rutinas y tradiciones, estrés, fatiga por compasión, así como daño moral, quedando propensos a desencadenar alteraciones mentales como depresión, trastorno de estrés postraumático e incluso ideación suicida.
- dificultades para adaptarse a las nuevas formas de trabajo y protocolos generados institucionalmente
- conflictos con otros miembros del equipo de trabajo
- formas nuevas de interacción con pacientes y familiares.
- contacto con pacientes y familiares en momentos de agonía en soledad.
- sentimientos de soledad por no ver a sus familiares y amigos para evitar contagios

Es de destacar que, en la evaluación de los resultados, intentamos reconocer comportamientos indicativos de alteraciones en la salud mental del personal asistencial de áreas críticas, de manera de poder mitigar sus efectos, implementando estrategias con un alto grado de calidad y prestando un apoyo que propiciara el crecimiento postraumático.

También es importante mencionar que hubo algunos profesionales que realizaron las consultas durante la Pandemia en nombre de todo un grupo aquejado por las mismas inquietudes. En la medida de lo posible brindamos herramientas para superar las sensaciones expuestas.

Muchas de las consultas, eran relacionadas al tema del duelo, sobre todo en aquellos profesionales que viendo fallecer a sus pacientes en soledad, teniendo que comunicarlo a sus familiares telefónicamente o a distancia, por las restricciones que se vivían, sin poder realizar despedidas ni actos funerarios, dificultando por lo tanto el acompañamiento (Marrero, 1994).

Por otro lado, si pudimos constatar que en las diferentes instituciones donde se evidencio el daño emocional del personal de salud durante el Covid-19 y sus secuelas hasta la actualidad, se han mostrado más permeables a empezar a utilizar algunas técnicas tales como: grupos focales, grupos Balint, encuestas, cuestionarios, como mecanismos de sostén y evitar el abandono o deserción por parte de los profesionales de la especialidad en terapia intensiva–

La transformación más evidente, se dio en los últimos congresos nacionales e internacionales de la especialidad, el tema del cuidado de la salud mental como forma de prevenir complicaciones en la tarea, tuvo un lugar preponderante, en mesas redondas, conversatorios y talleres sobre el tema.

Estos programas deben continuar, por eso sigue ofreciéndose en la página de la sociedad, cada año siguen apareciendo casos, tal vez no de la magnitud del primer momento, pero si con riesgo para el personal de salud, que en gran parte convivio con una realidad trastocada, con un desmantelamiento traumático de su psiquismo.

Algunas reflexiones

El coronavirus SARS-Cov-2, afectó al mundo entero, especialmente el personal sanitario de áreas críticas sufre hasta el día hoy un alto impacto emocional, que desafían los mecanismos de regulación y capacidad de adaptación, para mantener un estado de salud mental óptimo (Freud, 1998a).

Las diversas manifestaciones clínicas del Covid-19, la falta de algoritmos claros para el manejo (o la deficiente difusión de los ya desarrollados), la elevada mortalidad, generaron una sensación de impotencia, pérdida de control, incertidumbre y frustración en los profesionales tratantes (Gherardi, 2007).

También influyeron negativamente:

- los estrictos requerimientos de bioseguridad;
- la incomodidad del equipo protector;
- la carencia de equipos suficientes;
- la necesidad de mantenerse en hipervigilancia constante para no contaminarse, la falta de espontaneidad en la convivencia con el resto de los compañeros;
- el temor de contagiar a la familia, pareja y amigos.

Es importante mencionar que no todos los trabajadores de la salud experimentan el mismo impacto emocional, para lidiar con el estrés psicológico de la pandemia.

Muchos trabajadores, predominantemente varones, culturalmente influenciados para ignorar sus afectos, priorizando el trabajo sobre sus necesidades personales, evitando mostrar signos de temor o cansancio, lo que consideran una "debilidad" y, por lo tanto, son quienes menos buscaron apoyo emocional ante las crisis. Por el contrario, las mujeres con mayor temor al contagio, tanto personal como de su familia, en comparación con los hombres se sintieron más vulnerables y consultaron en una proporción mayor intentando prevenir o padecer alguna afección de salud mental (Esquivel-Acevedo et al., 2020).

En la actualidad el personal de salud es mayoritariamente femenino, la perpetuación de los roles y estereotipos de género impone de forma subliminal el cuidado de hijos y familiares enfermos y el trabajo de casa. Así, esta crisis las coloca en una situación de sobrecarga emocional.

La resiliencia como factor protector individual, permitió lidiar con la adversidad y recuperarse en forma espontánea, así como otros factores protectores: el afrontamiento positivo con actitudes resolutivas, la planeación de soluciones realistas a la problemática enfrentada, la autoafirmación y la introspección; fueron canalizando sentimientos ante el estrés a través de actividades productivas y del sentido del humor.

Se evaluaron otros factores protectores como: la valoración del autocuidado, la capacidad de pedir ayuda, la espiritualidad, un estilo de vida saludable, contar con redes de apoyo, tener habilidades y pasatiempos como pintar, escuchar música, leer, escribir, etc.

Sabemos que las reacciones emocionales pueden tener una intensidad leve o excesiva, pudiendo hacer que las personas logren desarrollar medidas de afrontamiento positivas con el fin de adaptarse a un nuevo entorno, o, por el contrario, generar conductas desadaptativas a nivel emocional, conductual o cognitivo, que impidan una adecuada toma de decisiones (Espinosa & Koremblit, 2009).

De no remitir la exposición al estrés o ante la dificultad para adaptarse, podrán emerger cuadros psicopatológicos más graves, como el trastorno de estrés postraumático, trastornos depresivos, trastornos psicosomáticos o conductas suicidas. Los trastornos adaptativos emergen cuando el sujeto enfrenta un estresor prolongado o mayor al esperado, por lo que las reacciones emocionales y conductuales se tornan persistentes, contribuyendo a la aparición de síntomas de ansiedad o depresión, que generan una distorsión en la percepción de sí mismo y del mundo que lo rodea (Freud, 1998b).

La intervención de apoyo busca brindar al personal de salud estrategias para enfrentar de la mejor manera posible la crisis por Covid-19.

Conclusión

No podemos brindar conclusiones definitivas, del Programa de Soporte Emocional surgido en un momento crítico, se ha ido extendiendo en el tiempo por las nuevas olas de contagio, si bien las muertes por Covid han menguado, gran parte del personal de salud quedo seriamente afectado psicológicamente , con indicios de miedo al futuro, con nuevos rebrotes de la enfermedad o con la aparición de otras epidemias que sobrecarguen al sistema de salud, como es el caso en nuestro país de la aparición excesiva de casos de dengue, un desafío más de esta etapa post- pandémica.

Ha aumentado el conocimiento sobre el virus, se ha logrado la vacunación masiva del personal sanitario, pero los informes remarcan la cronificación de los problemas de salud mental en el personal sanitario; aun con 3 años después del punto más crítico del brote.

Por eso es importante concientizar a las autoridades del sistema de salud insistiendo en la importancia de evaluar periódicamente la salud mental del personal, instalando de manera continua, estrategias de prevención y apoyo para esta población, disponiendo de información actualizada que permita mejorar las decisiones sanitarias y la implementación de programas de acompañamiento psicológico.

A través de nuestra sociedad la SATI, un logro importante fue la firma de un convenio con el Observatorio Social, la facultad del Salvador y Sancor Salud diseñando un programa de asistencia gratuito a través de talleres, de prevención del desgaste emocional del personal sanitario en todo el país de libre participación. Hemos diseñado también un programa de asistencia en salud mental, estableciendo diversas líneas de colaboración con otros comités de nuestra Sociedad.

La idea permanente es visibilizar la importancia del sostén emocional de aquellos que trabajan denodadamente en la primera línea de acción, para brindar respuesta a la sociedad toda en un momento de crisis, dando cuenta de la relevancia que adquiere una escucha y modo de intervención específicos.

Este trabajo del Comité de Bioética generó una línea interna de colaboración entre los diferentes miembros de nuestra institución, en un clima de respeto y colaboración entre las distintas áreas profesionales. Este efecto grupal resultó muy importante y enriquecedor para nuestro Comité. Hemos sido valorados por otros espacios para pensar y pensarnos como participantes de un dispositivo, importante en relación con las intervenciones en la comunidad.

Esperamos poder seguir investigando temas ligados a los efectos traumáticos y disruptivos que trajo esta pandemia, así como los diferentes duelos que suscitó este contexto específico, y como esto impacta en el psiquismo del personal de salud de áreas críticas.

En síntesis, este dispositivo aplicado en la coyuntura, continua atento a proveer asistencia, ante la situación gravísima que atraviesa la especialidad con alto grado de abandono, de los espacios de trabajo, perdiéndose así un recurso humano invalorable.

Estamos muy agradecidos los miembros de este programa a la Sociedad Argentina de Terapia Intensiva, por el apoyo institucional mencionado anteriormente. Como psicoanalistas nos planteamos mostrar este trabajo en los *ámbitos* de nuestra especialidad, no solo con aplicaciones teóricas, sino cambios técnicos en el trabajo con el personal de salud, hasta que las condiciones de emergencia se superen.

Enfrentamos la pandemia con cierto estado de negación, pero fuimos aprendiendo sobre todo a poder paliar adecuadamente la violencia de la muerte incluyendo a todos los involucrados paciente-familia y equipo de salud.

Por eso garantizando la continuidad de estos programas, podemos seguir acumulando experiencias para poder compartirlas.

Después de esta pandemia no creo que volvamos a ser los mismos, ni como personas ni como profesionales. Estamos convencidos que *debemos estar mejor preparados*, y en esta reconversión, mejorar los planes de contingencia y ser adaptativos a los cambios.

Es *indispensable contar con planes estratégicos que sean integrales y multidisciplinario* y que nos dé cierta perspectiva apoyado en la evidencia científica, abordando la enfermedad mental a la par de la salud física.

En otras palabras, las necesidades de salud mental deben tratarse como un elemento central, es clave que la comunidad tenga un horizonte en el que haya discusión sobre cuestiones sanitarias, sociales y económicas que se lleve adelante sin luchas estériles y contraproducentes, y que nos permita reducir la incertidumbre.

Es fundamental que desde el Estado se tomen todas las medidas para garantizar que esta situación sea lo más tolerable posible para las personas, reducir la incertidumbre es contar siempre con una comunicación clara y transparente que permita saber qué está sucediendo y por qué se decide lo que se decide, esto es la base de la confianza.

Nuestro trabajo tuvo siempre un concepto claro: Nosotros no fuimos por la enfermedad, la enfermedad llegó a nuestro país y al mundo, pero como equipo de salud fue necesario enfrentar esta pandemia como parte de nuestra labor y también por vocación profesional.

Referencias

Espinosa, R., y Koremblit, M. (2009). La intimidad, lo público y lo privado según las épocas" XXI. *Simposio y Congreso Interno de APdeBA*.

Esquivel-Acevedo, J. A., Sánchez-Guerrero, O., Ochoa-Palacios, R., Molina-Valdespino, D. & Muñoz-Fernández, S. I. (2020). Estrés, respuestas emocionales, factores de riesgo, psicopatología y manejo del personal de salud durante la pandemia por Covid-19. *Acta Pediátrica de México, 41*(S1), 127-136.

Freud, S. (1998a). El malestar de la cultura. En *Obras completas, tomo XXI*. Amorrortu Editores.

Freud, S. (1998b). Duelo y Melancolía. En *Obras completas, tomo XIV*. Amorrortu Editores.

Gherardi, C. R. (2007). *Vida y muerte en terapia intensiva*. Editorial Biblos.

Lai, J., Ma, S., Wang, Y., Cai, Z., Hu, J., Wei, N. et al. (2020). Factors Associated With Mental Health Outcomes Among Health Care Workers Exposed to Coronavirus Disease 2019. *JAMA Netw Open*. 3 (3):e203976.

Marrero, M. et al. (1994). Atención a la familia. Claudicación Familiar. In M. G. Sancho. *Cuidados Paliativos e Intervención Psicosocial en Enfermos Terminales.* Ed. Instituto Canario de Estudios y Promoción Social y Sanitaria. Las Palmas de Gran Canaria. pp 289-308.

Puget, J. & Wender, L. (1982). Analista y paciente en mundos superpuestos. *Psicoanálisis*, 4(3), 503-536.

Parte III

Psicoanálisis en la escuela

10. Tiraron a un niño negro a la basura: rueda de conversación entre educadores y psicoanalistas

Alice Becker Lewkowicz, Flavia Friedman Maltz, Andrea de Andrade Etzberger, Carlos Augusto Ferrari Filho, Carmem Keidann, Denise Vivian Lahude, Dionela Pinto Toniolo, Joyce Goldstein, Magaly Wainstein, Rosangela Costa y Suzana Deppermann Fortes

"Ahora la basura hablará"
Lélia González

Somos un grupo de psicoanalistas que trabajamos en una aparcería de la SPPA (Sociedad Psicoanalítica de Porto Alegre) y la SMED (Secretaría Municipal de Educación).

Las ideas que aportamos a este debate son resultado del diálogo entre educadores y psicoanalistas que, hace 18 años, realizan Ruedas de Conversación con el objetivo de ofrecer un espacio de habla y escucha sobre el cotidiano que se vive en las escuelas públicas ubicadas en zonas de vulnerabilidad socioeconómica, en su mayoría en barrios de la periferia de la ciudad.

Nuestro trabajo, hasta 2020, se centró en las escuelas de educación infantil. Actualmente, esta colaboración participa en nuevos proyectos para intentar colaborar en el enfrentamiento a situaciones de violencia que se han agudizado en la comunidad escolar.

Consideramos importante resaltar la excepcionalidad de los tiempos vividos entre 2020/2023, ya que este regreso está lleno de particularidades a tener en cuenta. En este momento, no se trata de rescatar contenidos perdidos, sino de realizar un intenso trabajo encaminado a restablecer vínculos sociales rotos.

Lazos rotos por la necesidad de mantener la vida ante la amenaza del virus Covid-19 y la falta de atención médica; por la pérdida de seres queridos; por pérdida de empleo; por la violencia doméstica exacerbada por el encierro en este momento de tantas amenazas; por el desreglamento de los gobiernos de los que se esperaría directrices y protección, cuando la marca era un "salve el que pueda". La gran mayoría se encuentra en condiciones precarias en términos de cualquier política pública de amparo.

Y la escuela, principal espacio de vinculación de niños y adolescentes, donde la convivencia con el equipo de educadores y sus pares ofrecía estabilidad y previsibilidad estructurantes para su desarrollo, se destaca entre las principales pérdidas durante la pandemia. Estas tuvieron consecuencias complejas, que deben ser compartidas con todos los sectores de la sociedad, para que el peso no sobrecargue a los equipos escolares.

Los actos violentos y los síntomas depresivos de los estudiantes, más presentes en este momento, son *gritos desesperados* que claman por alianzas de amparo que los protejan de las constantes y diversas amenazas a las que están expuestos, promoviendo esperanza de vida y no solo de supervivencia.

La pandemia y el distanciamiento social han impactado negativamente la salud mental de todos, incluidos estudiantes, docentes y familias; sin embargo, es difícil medir la intensidad, extensión y naturaleza de este efecto en cada persona.

Según datos de la Secretaría de Educación de la Provincia de São Paulo, solo en los dos primeros meses de clases de 2022, se registraron más de 4.000 casos de agresión física en las escuelas provinciales. Esto representa un aumento del 48, 5% respecto al mismo periodo de 2019.

Y ésta ha sido la realidad de la educación pública en la mayoría de las ciudades brasileñas.

La preocupación por la violencia no es nada nueva en nuestra colaboración con la SMED. En los cuatro años previos a la pandemia, cuando solo trabajábamos con educación infantil (de 0 a 6 años), los temas elegidos para las RC se centraban en la violencia en los distintos ámbitos de estas escuelas, violencia que adviene del desamparo en el que viven esas comunidades escolares.

Para ilustrar estas consideraciones iniciales, presentaremos un ejemplo clínico.

> En una Rueda de Conversación celebrada en noviembre de 2022 entre educadores y psicoanalistas, una directora presentó un vídeo filmado por alumnos de su escuela en el que un niño negro de 8 años era arrojado a un cubo de basura durante el recreo.

¿Por qué esta escena?

En las Ruedas de Conversación SPPA-SMED, estamos todos cara a cara; de hecho, nos vemos inmersos en situaciones extremas que nos desacomodan y muchas veces nos llevan a cuestionar nuestra capacidad de comprensión de la realidad.

En las escuelas donde se realiza este trabajo, la noción de sufrimiento psicológico se expande más allá de lo individual, abriéndose hacia contextos que necesitan ser pensados dentro del espectro del traumático social. Como es el caso de la situación vivida en una escuela de Porto Alegre y documentada en esta breve escena aquí descrita. El equipo de psicoanalistas decidió ver el vídeo y escribir sobre las impresiones causadas por él.

Nos gustaría señalar que nosotros, compañeros psicoanalistas de la SPPA, compartimos en general la percepción de que la situación vivida en esta escuela está impregnada de racismo. Pensar la negritud, desde el punto de vista de la blanquitud, implica comprender la realidad desde una perspectiva que no es la nuestra y que puede estar condicionada por puntos ciegos debido a nuestros prejuicios.

El proceso de escucha psicoanalítica fue esencial en la RC como continente de la escena aportada por el vídeo. Todo parece estar en la escena, pero en realidad hay una frontera invisible que se impone, un acuerdo tácito en la sociedad brasileña: no hablar sobre el racismo. A través del vídeo se ilumina la situación; pero el calor vivo y pulsional, el conflicto y el malestar son expresados por la directora que no prioriza la violencia del racismo subyacente. Perplejos, psicoanalistas y docentes, somos desafiados por la dinámica de la RC a expresar un mosaico de emociones, permitiéndonos legitimar una narrativa para dar cuenta de lo que allí está disociado, haciendo con que se promueva reflexión, acogimiento y ayuda mutua.

Relato de la directora de la escuela

> LA ESCUELA está organizada con los alumnos de grados superiores por la mañana y los menores por la tarde, pensando ya en el recreo. Así, por la mañana, durante el recreo, un grupo de alumnos de 7º, 8º y 9º años andaban con un juego de pilla-pilla. Pero ya estaban siendo observados por los empleados que cuidan del patio de recreo. La razón es que siempre hay burlas con los estudiantes más jóvenes.

REALIZARON ALGUNOS ataques: en el primero, el estudiante logró escapar y los agresores fueron amonestados bajo pena de quedarse sin recreo; se dispersaron pero no tardaron mucho tiempo para regresar y coger a otros dos niños, y sólo entonces comprendimos lo que estaban planeando, ya que sucedió muy rápido. Corrieron cargando los niños y los tiraron al contenedor de papel para reciclar, que es bastante grande y está en el patio durante el día y debería estar cerrado. No hay como recordar si fue un olvido del equipo de limpieza o si los estudiantes lo abrieron sin que nos diéramos cuenta, ya que planeaban la broma inadecuada. La orientación del contenedor cerrado se debe a que en otros recreos cogieron tubos de cartón y empezaban una "peleadita" de espadas en que podrían lastimarse.

HUBO LA intervención inmediata de los empleados; los adolescentes fueron encaminados al SOE (Servicio de Orientación Educacional), y el niño que fue arrojado fue para registrar la agresión. Mientras realizábamos el trámite – que es lento, ya que hay que escuchar, anotar, identificar a los demás participantes –, llegaron el padre y la madre de uno de los niños, el padre extremamente enojado, profiriendo amenazas de denuncia de racismo, proceso de indemnización y al mismo tiempo queriendo saber quién fue el agresor, para tomar otras medidas.

LA DIRECCIÓN trataba de explicar que ya estábamos lidiando con el incidente y que tenían que calmarse, y solo entonces descubrimos que el incidente había sido filmado por el grupo y divulgado en los medios.

ENTONCES EMPEZAMOS a buscar a quien lo filmó y también incluir a lo ciberacosador en el caso. Al padre esto no le importó y gritó que la escuela encubriría el caso y que él procesaría la escuela y sacaría un dinero de ella. Fue dicho al padre que él tenía derecho a hacer lo que creyera correcto. La madre por fin logró calmarse y trató de calmar a su marido, pero él no aceptó, y se fueron.

LA ESCUELA llamó a las familias de los implicados. Mantuvimos conversaciones de mediación, remitimos el asunto al Consejo de Tutela y renegociamos la postura durante el recreo. En nuestra evaluación no hubo elección de niños negros para las novatadas, pero lo abordamos con un enfoque racista para que fuera educativo, para que los estudiantes buscaran reflexionar sobre el error. Fueron suspendidos de la escuela hasta que tuviéramos la conversación en el Consejo de Tutela.

DESPUÉS LA familia del niño optó por no enviarlo más a la escuela. Llamamos varias veces, hablamos con la madre – ella también era nuestra alumna en la EJA (Educación de Jóvenes y Adultos) y tiene otros niños en la escuela, que siguieron asistiendo con normalidad. Hablamos con Suel, que dijo que por él vendría pero su padre no lo dejaba.

EL PADRE acudió a la casa de los estudiantes involucrados para hacer graves amenazas, presentó una denuncia policial ante el DECA (Repartición Especial del Niño y del Adolescente) y presentó una demanda judicial de indemnización por racismo. La escuela ya respondió, y no tenemos noticias actualizadas de los procesos. Este año, 2023, el estudiante regresará a clases con normalidad.

LA ESCUELA siempre atiende todas las demandas de *bulling*, racismo, discriminación, etc. Pero con un enfoque educativo, tanto es así que tenemos proyectos en la escuela en los que los estudiantes participan: montan un teatro sobre los temas que ellos señalan que sufren dentro y fuera de la escuela. Ruedas de Conversación con aparceros profesionales, red de salud, formación de docentes".

Queremos resaltar que en este informe surge una escuela con un funcionamiento organizado y una preocupación por brindar a los estudiantes un ambiente donde se pueda respetar los vínculos sociales.

Comentarios hechos por psicoanalistas

En una Rueda de Conversación híbrida, cinco psicoanalistas blancas se reunieron en persona en la SPPA, mientras que seis profesoras, dos de las cuales eran negras, participaron en línea. Este formato ya producía cierta dificultad en el flujo del debate. El ambiente en la RC era tenso, porque la directora (que trajo el informe y el vídeo descritos anteriormente) argumentó que el problema de la violencia estaba generalizado y que no se trataba de una cuestión racial, con lo que las psicoanalistas no estaban de acuerdo. Ella también informó que remitió la situación ocurrida a la Secretaría de Educación y escuchó la asesora decir: "¡Pobre muchacho, Fulana, es negro!", entendiendo que la asesora había atribuido un componente racista a la violencia cometida por adolescentes blancos, lo que para ella estaba "fuera del contexto del problema". Para la directora, lo peor fue el "uso" que los padres hicieron de la situación, también entendida como una expresión de "racismo", para "ir contra la escuela, como si los profesores y la dirección no hubieran tomado las medidas necesarias para afrontar el sufrimiento del niño y castigar a los adolescentes". Incluso, dijo, escucharon a sus padres decir que, con esto, recibirían "algo de dinero" como compensación. Cabe destacar el interés de los padres que "amenazan" a la escuela, porque no son indiferentes al maltrato de su hijo. Sin embargo, quejarse del ataque racista a su hijo y recibir una compensación se consideró como querer "aprovecharse" de lo sucedido.

Una psicoanalista presente en la Rueda de Conversación argumentó que la cuestión racial efectivamente estaría involucrada en el acontecimiento. La directora se indignó, replicando que también había personas negras participando en la agresión y que no aparecieran en el vídeo. La opinión de las profesoras se dividió, y las psicoanalistas, en su mayoría, coincidieron en que el racismo estuvo implicado en el suceso.

Las profesoras comentaron que la violencia de tirar a los estudiantes al cubo de basura es común durante el recreo, pero no consideraron relevante el hecho de que aquello niño fuera negro. Aquí parece repetirse lo que es una constante en las manifestaciones de racismo en Brasil: frente a las agresiones que involucran racismo contra personas negras, siempre hay un argumento que minimiza el componente estructural del factor racista en la crueldad manifestada en estas situaciones.

¿Cómo entender la postura de la directora, aparcera desde hace mucho tiempo y conocida como una educadora "guerrera" por los derechos de los niños y los docentes?

Vivimos en una época de extrema erosión de los vínculos sociales y la escuela es la diana que, al desestructurarse, necesita políticas públicas que creen mejores condiciones laborales para los docentes. Quizás, entre estas medidas, lográramos insertarnos como uno de los instrumentos de reflexión sobre este caos que, a nuestro juicio, florece sobre el racismo en el país.

Un psicoanalista blanco que vio el vídeo comentó que "no había duda de que, en un momento en que la sociedad en general está (más) atenta al tema del racismo, al considerar que el niño arrojado, como si lo estuvieran descartando, era negro, quizás mulato y, de los tres que lo pillaron, dos eran blancos, que el vídeo produjera en el espectador un malestar ligado a la traducción de la escena dentro de un sesgo racista". Después de observar la escena seis veces, pudo escuchar un ruido grupal y una voz masculina, una orden que instigaba: "¡Oye, alemán, tiralo!", a lo que siguió un alboroto, como una descarga, del tipo 'satisfacción inmediata', cuando voces masculinas y femeninas se regocijaron después de que el niño desapareció en el contenedor de basura. El psicoanalista afirmó luego que, "dentro del conjunto de posibles interpretaciones que produce esta escena, muchos ciertamente podrían subrayar el sesgo del racismo, pero, pensando en su contexto más amplio, prefiero incluirla como parte de los juegos de poder, de contenido sádico, en verdad de los ritos de iniciación, que tienen lugar todo el tiempo en ambientes grupales de adolescentes. Se trata de situaciones explosivas, con una intensa carga emocional sádico-masoquista, que pertenecen al desafío atávico en el sentido de demarcar la individualidad, dentro de un funcionamiento grupal que, por definición, exige a cambio de afirmación en el grupo, exactamente lo contrario, es decir, la anulación del individuo".

Una tercera psicoanalista pensó en "dos vértices entrelazados. El primero se referiría al contexto grupal de los preadolescentes en un movimiento de dominación, de demostración de fuerza frente a un componente frágil del grupo – típico de las relaciones grupales entre chicos de aquella edad donde unos son los fuertes que dominan y someten al más débil. ¿Quiénes son los elegidos? El otro tiene que ver con la elección de la 'víctima': ¿es porque es negra? ¿Es porque fue pasivo? ¿Serían ambas cosas?" ¡Le pareció que esta tercera opción sería la más cercana a lo sucedido y se sintió mal al ver al niño frágil, paralizado y tirado a la basura!

La cuarta psicoanalista recordó "que, en plenas elecciones presidenciales en Brasil, se registraron varios episodios de xenofobia y racismo en escuelas de élite del sur y sudeste del país, aumentando la preocupación de educadores y movimientos negros por la discriminación racial en Brasil. Armados de una conducta verbal extremadamente agresiva, los estudiantes de algunas escuelas de clase media alta protagonizaron abiertamente manifestaciones de odio y prejuicio contra los estudiantes negros". Ella se pregunta por la extraña correspondencia entre la expresión de racismo explícito y ostensivo que se produjo en la escuela de clase media alta y la negativa de la directora negra de una escuela de la periferia, con una población predominantemente de bajos ingresos, negra y parda, a admitir el sesgo racista en la escena que describió, aunque atribuida a los padres del niño y a la empleada de la Secretaría de Educación, sugiriendo una disociación, represión y proyección de la idea racista.

Al ver la película, la quinta psicoanalista observó "que el niño arrojado a la basura no había protestado, demostrando pasividad, al mismo tiempo que otro niño negro presente en el vídeo tampoco mostró reacción alguna y que todo en la escena parecía ser muy natural". Se le ocurrió la idea de que un ser humano había sido arrojado a la basura, un lugar para deshacerse de algo que ya no sirve y no tiene utilidad: el pobre, generalmente negro y pardo, es tratado como representante de lo que no tiene valor en la sociedad blanca y racista. Esta condición evoca el concepto de *homo sacer* (Agamben, 2002). En esta obra, este autor saca a la luz el vínculo que siempre ha ligado la *vida desnuda*, la vida natural no politizada, con el poder soberano, que somete la vida humana a su lógica de violencia y control y desprovista de cualquier protección jurídica. Una figura oscura del derecho romano arcaico será la clave que permitirá una lectura crítica de toda nuestra tradición política: el *homo sacer*, un ser humano que podía ser asesinado impunemente por cualquiera, pero que no debía ser sacrificado según las reglas prescritas por el rito. El tema está vinculado a la época actual, ya que el cuerpo biológico del ciudadano ha pasado a ocupar una posición central en los cálculos y estrategias del *poder estatal*, cuya política se ha convertido en *biopolítica*, en la que el campo de concentración emerge como el verdadero paradigma político de la modernidad. Agamben defiende la necesidad de una política que reconozca la dignidad de la vida humana y que proteja a los individuos de la violencia estatal.

También pensó en la reciclaje del "material" de este episodio, considerándolo como una dramatización/comunicación por parte de los estudiantes, blancos y negros, de cómo se sentían al regresar a clases – seres humanos que habían perdido la escuela, la alimentación y la asistencia de los educadores, cuyas familias perdieron el acceso a ingresos, que pasaron hambre, que no tenían acceso a la salud, que quedaron a merced de un Estado sin políticas de asistencia a su población y con un proyecto evidentemente genocida. Seres humanos tratados como basura y la escuela como ese cubo donde se tiraban todos los residuos esperando ser reciclados. Por otro lado, el agotamiento de los educadores, representados masivamente por mujeres, cuyo trabajo está históricamente en el nivel de los menos valorados, ya que está asociado a la maternaje y al cuidado, lo que requeriría menos formación y más vocación, desempeñando el papel de limpiadoras mal pagadas y mal asistidas para lidiar con la suciedad/violencia en las escuelas. En cuanto a la directora, que negó categóricamente que hubiera violencia racista, ¿estaría ella identificada, en su condición de autoridad en la escuela, con una posición de blanquitud/poder que la hace negar el racismo? ¿O es que, por ser negra, está tan "acostumbrada" al racismo estructural naturalizado de la blanquitud que no lo ve, lo que quedó ilustrado por la falta de protesta del niño arrojado a la basura y del otro niño negro que observó la escena pasivamente? Esta negación fue sorprendente para nosotras, como si la directora quisiera decir que, siendo ella negra y que si el acto fuera racista, ella lo sabría. También parecía no querer (o no ser capaz de) admitir que el racismo podría haber sido un factor determinante en el ataque.

¿Cuáles serán los destinos para aquello que marca el cuerpo del sujeto y no puede denominarse como violencia racista?

¿Cómo entender el discurso de la directora negra en la Rueda de Conversación, cuando dice "¡Soy negra y sé lo que es el racismo!", al afirmar que esta interpretación de la asesora de la secretaría estaba "fuera de contexto"? Tendría alguna relación con la frase de Mannoni (1973), "Yo lo sé, pero aun así...", que funciona como una fórmula a través de la cual el sujeto opera la subversión entre lo verdadero y lo falso, ¿produciendo la prevalencia de lo singular sobre lo universal? ¿Parece actuar aquí, como propone Veríssimo (2018), "el fenómeno del rechazo de lo que no fue posible constituirse como cuestión para una psique escindida – existente en un régimen de *apartheid* psíquico – hacia algo no nombrado/reconocido por el sujeto, es decir, simbólicamente abolido?" ¿Podríamos pensar en el racismo que está presente aquí, un tema tan de moda, tan debatido y establecido en el discurso, a través de la clave del rechazo?

"¡*Yo sé* lo que es el racismo, soy negra!, ¡*pero no es* un problema de racismo!" O en palabras del psicoanalista blanco: "Dentro del conjunto de interpretaciones posibles que produce esta escena, *muchas ciertamente podrían acentuar el sesgo del racismo... pero, (aun así)*, pensando en su contexto más amplio, prefiero incluirla como haciendo parte de juegos de poder, de contenido sádico, en verdad ritos de iniciación, que ocurren todo el tiempo en ambientes grupales de adolescentes".

Ahora, cuando el tema es la relación entre los brasileños y su propia historia y el traumático que de ella deriva, es necesario considerar la operación del rechazo como uno de los mecanismos participantes en el vínculo social.

¿Cómo sería para los brasileños, desde un punto de vista narcísico, reconocer que hay cuentas que ajustar? ¿Cómo sería su sustentación narcísica después de la admisión de registros traumáticos de la historia, tales como la masacre de negros y el racismo tan presente? Cuando se trata de discriminación contra lo negro, el brasileño rechaza la propia realidad racista en un intento de evitar un grande shock narcísico.

Cuando se trata de racismo, hay que pensar en la experiencia del traumático en los vínculos sociales. El tema pone al descubierto la falta de condiciones de un exceso al que el sujeto fue sometido, introduce la falta de reconocimiento como elemento que le dará al trauma un carácter desestructurante para quien lo vive, además de señalar el rechazo como un posible camino defensivo para el Yo. Pero es el cuerpo golpeado por el racismo, el que vivirá una experiencia traumática de ataque a su propia integridad narcísica, a su constitución psíquica, además de la destitución de un lugar de sujeto que le pertenecería como *derecho*.

¿Cuáles son las implicaciones de que seamos un grupo de psicoanalistas blancos?

La condición de prematuridad del cuerpo al nacer y la precedencia del discurso parental sobre el cuerpo del sujeto implican la urgencia de un discurso que el recién llegado recibe de su primer entorno como determinante en la designación de los registros que posteriormente el mismo constituirán sobre sí mismo en el mundo. ¿Por qué no pensar que el discurso racista "estructural" y subliminal no debería incluirse en esta herencia narcísica? Tanto de manera positiva, cuando se tratar de hombre blanco, como negativamente, cuando se tratar de hombre pobre, negro y pardo, así como de los pueblos originarios.

Parafraseando los comentarios del psicoanalista sobre la escena del vídeo – que, en su contexto más amplio, prefirió incluirla como parte de juegos de poder, con contenido sádico, en verdad ritos de iniciación, que ocurren todo el tiempo en ambientes grupales de adolescentes; situaciones explosivas, con una intensa carga emocional sádico-masoquista, que pertenecen al desafío atávico en el sentido de demarcar la individualidad, dentro de un funcionamiento grupal que, por definición, exige a cambio de afirmación en el grupo, exactamente lo contrario, es decir, la anulación del individuo – podríamos considerar que el ingreso a las instituciones psicoanalíticas responde a la misma lógica que los rituales iniciáticos. Según María Aparecida Bento (2018), las instituciones suelen operar desde la perspectiva de su segmento social dominante. Cita a Eugéne Enríquez, quien destaca que la cosmovisión y los intereses del segmento dominante inciden fuertemente en las actuaciones de las instituciones y destaca, también, que las instituciones son esencialmente conservadoras, buscando siempre reproducir los mismos individuos y comportamientos. Dice aunque la similitud entre el perfil de las personas que ocupan posiciones de prestigio y poder en las instituciones, en su mayoría hombres y blancos, revela más que la historia del racismo en Brasil y una especie de "pacto narcísico" en los procesos de acceso a estos lugares, denunciando la prevalencia de una perspectiva, de una cosmovisión e intereses de un determinado grupo, configurando lo que llamamos blanquitud. En este sentido, la identidad racial es profundamente ideológica, porque ayuda a identificar quiénes son "ellos" y quiénes somos "nosotros". Sobre "ellos" quedará depositado lo peor de "nosotros". Y lo peor de "nosotros" justificará el rechazo, la preterición, la exclusión y el genocidio. Y, en palabras de las autoras, el descarte a la basura.

¿Cómo podemos entonces abordar la "naturalización" del racismo como una de las causas y no como consecuencias de esta violencia que se muestra en el vídeo?

En un intento de cerrar el ciclo, necesitamos, como psicoanalistas blancas y blancos, volver al cubo de basura y examinarlo con paciencia y tolerancia lo que allí encontraremos, en busca de lo que no identificamos (o escotomizamos), subestimamos y rechazamos, buscando reciclarlo, transformándolo en significados para que podamos recuperar nuestras abyecciones proyectadas y el reconocimiento de nuestro privilegio racial naturalizado de blanquitud.

Referencias

Agamben, G. (2002). *Homo sacer: o poder soberano e a vida nua.* UFMG.

González, L. (1984). Racismo e sexismo na cultura Brasileira. *Rev. Ciências Sociais Hoje.*

Jecupé, K. W. (2020). *A terra dos mil povos.* Peirópolis.

Mannoni, O. (1973). *Eu sei, mas mesmo assim. Chaves do imaginário.* Vozes.

Bento, M. A. (2018). Notas sobre a branquitude nas instituições. In *Violência e sociedade.* Escuta.

Veríssimo, T. C. (2018). Pensar o racismo no Brasil: a recusa como mecanismo. In *Violência e* sociedade (pp. 151-159). Escuta.

11. Proyecto Educreando@Binacional: Gestión y dispositivos de intervención en diferentes escenarios educativos

Diana Zac, Santiago Carballo y Marta Viola

Introduccion

Somos un equipo constituido en el año 1997, integrado por educadores, sociólogos, psicólogos, médicos y psicoanalistas, ya que el campo de trabajo comunitario, en este caso en y con escuelas, necesita de la integración del psicoanálisis con otros saberes.

En el transcurso de 26 años de trabajo, el grupo inicial se ha transformado en un equipo. Y esto es una diferencia importante en la constitución y funcionamiento de los miembros integrantes.

En el equipo el liderazgo es situacional, o sea cada uno es líder en su expertiz y es un líder transformacional, en el sentido de promover cambios de mentalidad y actitudinales en el campo de la formación docente y del trabajo en las aulas.

En ese tiempo transcurrido hemos aprendido a escuchar otras disciplinas y a incluirlas tanto en la gestión del trabajo como en el trabajo de campo y en nuestros pensamientos.

Trabajamos en y con escuelas desde el año 2005 y en el año 2014 se iniciaron vínculos con colegas de Italia, especialmente Teggiano

(Salerno) Portici Nápoles) y Pioltello (Milán) y nos integramos paulatinamente en un grupo de trabajo que evolucionó hacia un equipo binacional

Somos un equipo binacional de "comunidades de prácticas" multidisciplinarias, una red de profesionales que creemos que el conocimiento es un conocimiento sin fronteras, en nuestro caso facilitado por un corredor educativo y cultural que se generó a partir del hermanamiento de pueblos, realizado en el año 2011, lo que favoreció la construcción de un corredor educativo de aprendizaje colaborativo, entre provincias de los dos países.

Proponemos junto a la práctica en territorio, una investigación-acción acerca del impacto de las experiencias con la metodología de la "Intersubjetividad transformadora" aplicadas a las aulas, desde dispositivos psicoanalíticos en interdisciplina, que son trasmitidos en sucesivas sensibilizaciones y capacitaciones. Apostamos al efecto multiplicador de las escuelas en este proceso de cambio de mentalidad en educación, tanto en escuelas como en familias

Este equipo es autor del Modelo Educreando © BINACIONAL que se constituye de muchos proyectos áulicos, escolares y comunitarios, destinados a mejorar las condiciones de existencia de estudiantes y docentes, a visibilizar lo que se ha invisibilizado como tema y problema, sea en los grupos, sea en las personas singulares.

Su objetivo mayor es renovar el deseo de enseñar y de aprender, para trabajar por la defensa y el cuidado de la vida, los derechos de niños, adolescentes y adultos y promover prácticas que preserven la salud integral de instituciones, grupos y personas en contextos de aprendizaje.

En este modelo las emociones son consideradas el motor del deseo de "enseñar" y "aprender", tanto en el profesor como en el alumno. Sin ellas no es posible lograr un aprendizaje pleno, entendido como proceso transformador, de subjetivación y mentalización.

Las emociones, en esta perspectiva, no pueden ser consideradas una desviación de la norma, sino que deben ser entendidas como una respuesta a la modalidad organizativa del contexto, contexto que en general es pensado desde la lógica del adulto, y distante de la lógica del niño y del adolescente.

La gestión

Es el primer paso para poder trabajar con escuelas y sus actores

Para la gestión es imprescindible el trato con las autoridades formales e informales del sistema educativo, lograr su apoyo y su integración con los principios del trabajo teórico clínico social que compartimos en el equipo.

Miembros de nuestro equipo han ocupado cargos en educación y ello ha facilitado aprender el lenguaje del campo educativo, su historia como campo disciplinario y como práctica docente, estar en contacto con la formación de maestros y profesores, así como identificar las problemáticas más frecuentes que no logran ser tratadas durante el proceso formativo, no por falta de voluntad sino porque la vida corre más rápido que la formación organizada oficialmente.

Al ser formadores de docentes, hemos tenido la oportunidad de ver el crecimiento de los egresados, que llegaron a ser directores e inspectores en el sistema educativo, y son ellos los que nos recuerdan, dado que el dictado de las materias Psicología Evolutiva y Psicología del Aprendizaje incluían un enfoque psicoanalítico que enriquecía a los futuros docentes aún para su vida personal.

Y los docentes psicoanalistas pudieron conseguir alianzas con otros docentes formadores de docentes, con la finalidad de que los estudiantes de docencia pudieran participar de nuestras prácticas en territorio, realizando una inmersión controlada y acompañada por nosotros en el aula, desde el primer año de la formación.

Un taller de aprendizaje

La Psicología y el Psicoanálisis se mamaban en el aula, aprendiendo los estudiantes en compañía de nuestro equipo un modo de dirigirse a los niños y adolescentes, a los docentes, a los directivos, aprendiendo como si fuera un taller, en la misma práctica.

De esta manera esos futuros docentes, directores e inspectores observaron y participaron en la resolución de situaciones problemáticas y de incidentes críticos donde la Psicología psicoanalítica se aprendía primero en la práctica y luego se volvía al aula de la institución formadora para detenerse en los marcos teóricos y clínicos de las intervenciones.

Nos centramos en destrabar un desarrollo obstaculizado o dar lugar a nuevos procesos de subjetivación.

Participaban estudiantes del profesorado, analistas y analistas en formación también, todos aprendíamos, desde la experiencia, desde los errores y los aciertos, y desde los vínculos y la intersubjetividad que nos entrenábamos en registrar. Ese registro es muy necesario para no responder reactiva y defensivamente ante las contratransferencias intensas de todo grupo, donde se alterna el grupo de trabajo con los grupos de supuestos básicos (Bion).

Esta mirada de que un grupo no puede todo el tiempo estar en situación de aprendizaje porque los mismos contenidos provocan reacciones emocionales no conscientes, era central para que comprendieran que los grupos de supuestos básicos son los que pueden estar actuando en los momentos que exteriormente se registran inquietudes, malestares, ruidos, peleas, barullos. Aquí empieza otra manera de comprender la disciplina que se le pide a los futuros docentes que aprendan a sostener.

El aporte de Bion sobre los grupos de supuestos básicos permite al futuro docente y al docente entender como desactivar diferentes turbulencias emocionales en lso grupos, sin tener que gritar o enfermarse.

Nuestro punto de partida

Partimos de una visión acerca de que la vida transcurre en vínculos y es en las interacciones donde se crece en sentido positivo tanto como negativo, respecto a los logros deseables para una vida en sociedad.

En esos vínculos se puede transmitir la cosmovisión psicoanalítica, desde un acompañamiento receptivo, empático, comprometido y operativo, para salir de las encerronas del día a día del docente en su trabajo y de los estudiantes en cada etapa del crecimiento.

Trabajamos no solo sobre los sujetos y sus vínculos sino también sobre nosotros mismos, superando las barreras de los pequeños narcisismos para favorecer una postura ciertamente inclusiva. Hacemos foco en el aprendizaje que ocurre en la misma experiencia vincular desde la intersubjetividad y su registro, sobre todo para la prevención de la violencia y del malestar en los vínculos en sus diferentes formas

Trabajamos con un método de cinco tiempos para tomar recaudos en la producción de conocimientos y de proyectos, despejando el campo de la intersubjetividad de las sombras y de la emocionalidad que puede afectar nuestra percepción de los fenómenos complejos de grupos e instituciones:

- tiempo de escuchar la demanda grupal o institucional,
- tiempo de co- escuchar con los colegas que no han ido al territorio y de diseñar un proyecto de intervención acción,
- tiempo de elaboración, supervisando el trabajo de campo con los colegas que participan de la mentalización de la experiencia, que permanecen fuera del territorio para colaborar con los que están inmersos e implicados,
- tiempo de volver mejor equipados al campo de trabajo, modificados por la comprensión interdisciplinaria de fenómenos intersubjetivos, en 3 y 4 ,

- tiempo de difusión académica y de capacitación en cascada acerca de los aprendizajes devenidos de la experiencia .

Este equipo ha desarrollado y fortalecido los vínculos formales e informales con las autoridades educativas, siempre en climas inestables, pero necesarios para llegar a las políticas publicas

Escribimos con los docentes artículos y libros que invitan a desarrollar una adecuada comunicación escrita, desde el vértice de pensar al receptor, pensando lo que se quiere transmitir desde la lógica de transferencia de los conocimientos de manera simple, para llegar a todo tipo de público y desde esta práctica superar narcisismos que dificultan la comunicación. Escribir es un dispositivo privilegiado en la lucha contra los narcisismos de las pequeñas diferencias

En todos los proyectos lo fundamental han sido y son las voces de los sujetos en vínculos, ya que la propuesta general del equipo es fortalecer el confort vincular y una lectura adecuada de los problemas y de los conflictos.

Los ámbitos educativos son rincones fértiles donde es posible un efecto multiplicador de lo que allí se trabaje, con una población que demanda recursos para los cuales la institución educativa debe proveerse. En la formación de grado los docentes no cuentan aún con espacios curriculares que desarrollen habilidades psicosociales para comprender el mundo emocional que interviene en los procesos de enseñanza y aprendizaje

El objetivo general de estas propuestas colectivas es generar condiciones y vínculos adecuados para la prevención y cuidado de la vida favoreciendo el desarrollo de estructuras psicosociales en el proceso continuo de subjetivación en vínculos en las aulas y en la escuela en general.

El propósito es la reconstrucción del lazo social allí donde la marginalidad ha ganado terreno y condicionado la aparición de patología, allí donde hay necesidades insatisfechas y derechos descuidados.

Herramientas para la arquitectura de los vínculos

Se trata de un conjunto de recursos para intervenir de tal modo que se construyan sostengan y promuevan vínculos confortables a partir de un adulto que usa un pensamiento socialmente responsable.

Con esos recursos necesitamos aprender a contener lo intolerable, si son adultos que sienten pasión por lo que hacen, pensadores estratégicos, capaces de evaluar realísticamente cada situación.

Tomamos en cuenta algunos resultados de las investigaciones realizadas, (con entrevistas y encuestas principalmente) los que transcribimos a continuación y son inspiradores de proyectos colectivos:

Los adultos cuidadores necesitan registrar la subjetividad propia y la del otro: de lo contrario los datos se descontextualizan y las personas se des-responsabilizan

Se necesita no descuidar los datos proporcionados por la intuición (corazonada)

Es importante registrar que el niño o el adolescente insisten en conductas de riesgo porque buscan cambiar un final no deseado y encontrar al "adulto que necesitan" para mediatizar sus impulsos, aunque lo busque mal.

En los padres identificamos una tendencia a representarse a un niño/adolescente que:

- No los necesita para contener sus enojos o frustraciones.
- Al que se le puede pegar, privar o engañar como medida preventiva o de educación.
- El niño/adolescente queda privado de redes de significado para su comportamiento.

- Cruzando las respuestas de niños y adultos encontramos que el adulto cree que se comunica o educa pero que en realidad no contacta emocionalmente.
- Cruzando las respuestas de docentes y padres:
    - el docente tiende a esperar que padre resuelva el problema; no se incluye. Lectura punitiva de comportamiento de niños y padres (Acta);
    - los padres que tal vez involuntariamente han generado el problema, desconocen cómo resolverlo y se sientes solos.
- Se puede inferir por las respuestas que padres y docentes tienen dificultades para poner límites por no tolerar la propia frustración.

Demandas cruzadas…

La demanda de los niños es de cuidado, protección, atención. Pedido de ejercicio de la autoridad, entendida como "cuidado" efectivo y fáctico. Estas son también demandas de los padres hacia los docentes.

Hemos encontrado principalmente "desencuentros" entre las demandas y las respuestas de los distintos actores. Ello organiza lugares de conflicto a los que le falta la palabra e irrumpe la insatisfacción en forma de actuaciones.

El contexto del trabajo docente

El contacto diario con personas con el objetivo de enseñar y aprender representa un contexto de trabajo que genera tensiones, las que pueden conducir al desgaste, malestares y estrés.

Una estrategia para aprender a trabajar con menor desgaste es contar con un acompañamiento in situ, que permita recoger la emocionalidad circulante en el pasaje de un agrupamiento de niños o de jóvenes a constituirse en un grupo de aprendizaje.

Para ello la escuela necesita de personas y o grupos que acompañen mostrando in situ un modelo de identificación en la lectura de los problemas y para la intervención e incluso la inclusión de la emocionalidad en los distintos campos disciplinares, pues los contenidos despiertan alguna emoción u afecto.

Las matemáticas presentan actividades de suma, resta, división, multiplicación, que pueden significar crecimiento de la familia, compartir con hermanos, pérdidas, etc. La ciencia biológica introduce en el tema de la vida y de la muerte. Las ciencias sociales en la historización, en un antes y un después, la geografía en los símbolos universales de puentes, bahías, montañas, y otros elementos de la naturaleza asociados a la relación con la madre, con el crecimiento sexual, etc.

Para que el trabajo docente transcurra en climas menos estresantes se necesita:

- que el docente atraviese experiencias de sensibilización para el autoconocimiento y la auto-aceptación, punto de partida para convertirse en líder transformacional, conociendo la emocionalidad propia y desarrollando empatía en el vínculo intersubjetivo con la emocionalidad del otro;
- asimismo, se requiere la formación de equipos de trabajo al interior de la escuela, para procesar y transformar lo que son obstáculos en caminos de apertura hacia soluciones efectivas, en climas donde las emociones no son juzgadas sino recibidas para entender los procesos de cambio.

Entrevistando a maestros de otros momentos de la historia social y económica de Argentina, lo que refieren es que los niños con conductas complejas eran atendidos por ellos de manera especial, aunque fuera solo media hora por día, también refieren que visitaban las casas de esos alumnos y se relacionaban con los padres cuando no existían los servicios de orientación escolar.

Hubo una experiencia importante en la Argentina en una escuela de la ciudad de Rosario, bajo la gestión de una directora llamada Olga. (registrada en un cortometraje llamado La escuela de la señorita Olga) Una maestra se encargaba de hacer actividades especiales con los alumnos que luego de una hora de clase se dispersaban, no podían permanecer sentados, o parecían aburridos. Los buscaba aula por aula y con ellos realizaba otras actividades como fue formar un coro de pájaros. ¿Qué era este coro? Era una actividad grupal donde cada uno repetía el sonido de un pájaro local, lo que los organizaba mejor en base a conocimientos de lso que se sentían seguros. El canto coral consistía, por ejemplo, en intervenir en diferentes tiempos para que los sonidos se ordenaran de manera agradable. Luego la maestra que se encargaba de esta metodología los regresaba al aula en condiciones de atender y responder a las consignas y contentos de haber logrado algo con lo que salía de ellos: la voz y el canto.

Es una propuesta desde una herramienta donde los alumnos podían quedar satisfechos con la obtención de un logro y de esta manera salir de la "zona de fracaso" en la que estaban inmersos y etiquetados.

Las ciencias del Desarrollo Humano plantean que se internaliza, dando mejores resultados en la subjetivación, el respecto que se direcciona desde el ser más maduro hacia el ser en desarrollo, a lo que nosotros agregamos que así se facilita la construcción de un modelo de identificación que generará satisfacción en la pareja educativa

El respeto hacia los niños y jóvenes exige al adulto padre/docente la condición de receptividad y paciencia, sobre todo en las circunstancias donde el comportamiento del niño o del joven causa irritación o bien dolor.

Es necesario recuperar la esperanza de que esa forma de relacionarse del alumno o del grupo, aun de aquel que impacta dolorosamente en nuestra subjetividad como adultos, podrá transformarse.

Una forma especial de intimidad

La docencia se despliega en vínculos de intimidad, donde suceden situaciones internas y externas que, de no poder alojarlas, conducen al estrés y al malestar en el trabajo con personas, también puede conducir a reacciones impulsivas de consecuencias NO DESEADAS, así como a enfermar.

La práctica docente propone una intimidad especial definida por el compromiso, el vínculo de confianza y de amor, en un encuentro que, aunque tenga desencuentros puede hacer grato el día a día de la existencia, así como puede generar malestares. Para estos últimos se necesita contar con dispositivos que conviertan un problema en una herramienta de trabajo.

Estamos en un momento del desarrollo del pensamiento acerca de los problemas y sus soluciones en que podemos afirmar que los problemas colectivos solo se atienden desde proyectos colectivos, pensados por la escuela en colaboración con padres y demás miembros de la comunidad. De esta manera se evitaría un tipo de deserción, desertar de pensar los problemas, sobre todo aquellos evidenciados por conductas que no entendemos aún.

Nosotros pensamos que si algo se manifiesta en la escuela es porque se piensa en ella como un interlocutor inteligente y capaz de comprender. La escuela es un escenario donde un joven o un niño o aun un adulto expresan algo, aun con violencia, porque se espera que allí alguien entienda y ayude a resolverlo.

Observamos que para que no deserte el estudiante se requiere que la institución y sus profesionales no deserten de pensar con receptividad y responsabilidad en las personas y grupos de difícil abordaje, y en los problemas "que nos hablan" esperando algo de la escuela y de sus profesores.

Un ejemplo de pensar así es no pedir a quien ha causado un daño que sea quien lo repare solo, porque no sabrá cómo hacer otra cosa.

La escuela sola no puede hacerse responsable de todo aquello que antes tramitaban otras instituciones sociales y que hoy se le pide a la escuela. Como dicen Cuban: "cuando a la sociedad le pica se rasca en la escuela". En clara alusión a que es la misma sociedad la cuna de lo que recibe la escuela y debe transformar.

Dispositivos para el desarrollo de receptividad responsable, sensible y reflexiva

Abuenar la mirada para leer los problemas

Se trataría de encontrar aspectos positivos aún en los contextos conflictivos y sus emergentes. Ejemplo: "Una maestra se queja del estado emocional en el cual traen a un alumno, pensando que sus padres se desentienden del niño y lo depositan". Una *lectura abuenada* podría incluir la recepción del niño entendiendo que ese padre valora a la maestra como alguien capacitado y que puede resolver lo que él mismo no supo resolver.

Para hacer estas lecturas necesitamos internamente despejarnos de prejuicios, en este caso, acerca de los padres y sus potencialidades, admitiendo que muchas de las acciones de los padres, y aún las nuestras, son guiadas por el amor y no por el desprecio. Es solo la apariencia lo que puede confundir: ver a un padre alejarse y tomarlo como sinónimo de abandono, es una de las posiciones que debemos superar en busca de un significado que ilumine los vínculos y sus tramas.

Lo que puede ocurrir es que esa conducta que parece un abandono encierre el dolor y la frustración provocados en el padre por la impotencia. Si nos despejamos de prejuicios podemos registrar la necesidad de ese padre de encontrar alguien que funcione en ese momento mejor de lo que él mismo puede hacerlo y así lograr alivio de sus sentimientos de culpa inconscientes.

Abuenar sería un dispositivo que se puede aprender en experiencias de taller, para disminuir la reacción violenta a las emociones procedentes de los otros y del propio yo, desarrollando receptividad, o sea paciencia para alojar algo que en principio parece negativo, o no se entiende. Hacernos cóncavos y no convexos. Ser convexo es rechazar los significados y las emociones del otro desde una actitud prejuiciosa o defensiva.

Rêverie docente

Se trata de un tipo de comunicación muy especial que se da entre dos personas con diferente nivel de madurez y donde el ser más maduro tiene la función de contener y de ayudar al ser en desarrollo.

Siendo la vocación docente la necesidad de probar que se tiene potencia para ayudar a otro a crecer, esta función rêverie es la que ayuda a mantener esa vocación.

El concepto rêverie procede de Bion. Pensemos en un bebe pequeño, muy angustiado que llora llamando a su mamá, la mamá viene, le habla dulcemente, lo va calmando. Lo que está haciendo esta mama es transformar un monto enorme de angustia que el bebé tenía en algo soportable para el bebe. Es la mamá la que sale entonces al rescate de su bebé y puede mediante su actitud y sus palabras calmarlo.

El rêverie implica que el adulto cuidador metabolice las angustias que el bebé hace llegar a él, devolviendo ese monto enorme de angustia en montos más pequeños que el bebé pueda ir tolerando.

Revisitamos esa noción como rêverie docente, cuando se aplica a la comunicación con un grupo o en ocasiones con un alumno en especial. Se trataría del entrenamiento del docente para ir calmando la angustia en el vínculo con el grupo, angustia procedente de frustraciones o de asociaciones no consientes con lso conceptos que se están trabajando.

Llamamos en esta perspectiva docente interprete a aquel que realiza lecturas abuenadas o benévolas de los problemas y conflictos y promueve una comunicación graduada a la tolerancia del receptor, lo que hemos llamado rêverie docente. Un docente con esa condición es investido por el grupo como sana autoridad.

El rêverie docente implica una devolución de lo que se está registrando, en dosis tolerables para el receptor para promover comprensión situada, sensible y reflexiva a la vez.

La inclusion de la diversidad, un tema especial

Todo lo expresado debe ser puesto en práctica en la relación con los niños que ingresan con algún tipo de dificultad o discapacidad emocional, cognitiva o física.

Cuando nace un niño con algún tipo de problemática surge la decepción en la familia, no es el hijo que se esperaba, y la conexión física y emocional con ese hijo es conflictiva.

¿Además de la decepción surgen interrogantes que no encuentran respuestas, que necesita? como me conecto? ¿Puedo ayudarlo? Y angustias ante la emergencia de sentimientos contradictorios, aceptación rechazo.

¿Qué sucede con la inclusión de ese niño en la escuela? ¿Puede suceder algo parecido a lo que sucedió con la familia?

En el tema de la inclusión hay una historia que se fue modificando.

En principio no se aceptaban niños con discapacidad y se los formaba en escuelas especiales, lo que llevaba a una segregación de estos niños en la sociedad, no había posibilidad de integración. Cada uno debía estar en su mundo, no era posible juntarlos.

Hace algunos años por ley se determina que pueden ingresar niños con alguna discapacidad en las aulas, como máximo 3 niños en cada sala. ¿Cómo se fue dando esta inclusión?

En un primer momento se trató de integrar a ese niño, normatizándolo, que se adecue, que su diferencia no moleste y si no se lograba, que era lo que habitualmente sucedía, el niño quedaba invisibilizado y su posibilidad de desarrollo imposibilitada. O sea que el contexto familiar y escolar no sabía cómo tener en cuenta las posibilidades del niño, el niño tenía que poder lo mismo que los otros niños.

En la actualidad, a través de un trabajo donde se incluyen diferentes especialidades, psicólogos sociólogos, docentes, se intenta lograr la inclusión del niño, aceptando sus diferencias, trabajando desde sus posibilidades, visualizando y desarrollando la capacidad en la discapacidad, aceptándolo como persona.

Un adecuado diagnóstico cognitivo y emocional va a permitir entender si la inclusión es posible. Hay niños que cognitivamente podrían incluirse en la escuela común pero que emocionalmente no están en condiciones para hacerlo, o niños cuya dificultad impide que puedan ser escolarizados en escuela común. Esos niños necesitan una escuela personalizada o una escuela especial, en este caso es importante una adecuada contención de los padres para que acepten que es lo mejor para su hijo, aunque no sea lo deseado por ellos.

Si consideramos la inclusión como lo adecuado, pensemos en ese niño en el aula con la docente y sus compañeros. ¿Cómo se siente el niño? ¿Cómo se siente la docente? ¿Cómo se sienten sus compañeros?

Transitar por estos sentimientos e irlos procesando es la tarea a realizar, no es fácil, pero es posible y lleva tiempo, es necesaria tolerancia y comprensión para enfrentar los vaivenes propios del grupo y del niño.

¿Los docentes están habituados a conectarse con niños con diferencias cognitivas, emocionales, sociales, pero este niño viene con un certificado de discapacidad y esto puede asustar, puede sucederle algo parecido a lo que sucedió en la familia?

Es importante entonces que el docente aprenda a conectarse con sus temores, a entender que son lógicos y saber que no está solo, y si lo considera necesario pedir ayuda, está la maestra integradora, están las orientadoras escolares, está la directora.

El trabajo con los padres del niño, con el niño y con sus alumnos es fundamental para lograr una verdadera inclusión donde se trabaje el tema de las diferencias como diferencias sin valoraciones. Puede ser muy enriquecedor para todos trabajar en grupo, realizando lecturas, juegos, comentarios donde se visualicen las diferencias, donde cada uno encuentre sus propias dificultades no para criticarlas sino para aceptarlas.

La observación de los que sucede en los espacios recreativos, nos permiten afirmar que las exclusiones no solo del niño con necesidades especiales sino de cualquier otro niño pueden ser usada como temática para reflexionar y elaborar situaciones internas/externas que lleven a modificaciones.

Como conclusión podemos decir que la aceptación de las diferencias, el desarrollo de la empatía, el trabajo sobre la propia emocionalidad, y la comprensión de la emocionalidad del otro son las bases para comenzar el camino hacia una verdadera inclusión. Y no solo del niño con discapacidad sino de todos los niños, ya que cada niño, cada docente, cada persona se desarrolla en vínculos y esos vínculos van determinando emociones algunas conscientes otras inconscientes que guían nuestras acciones.

Referencias

Bion, W. R. (1962). The psycho-analytic study of thinking. En *International Journal of Psychoanalysis*, vol. 43, pp. 306–310.

Bodner, Guillermo (2019). El concepto de rêverie en algunos modelos contemporáneos. *Revista Temas de Psicoanálisis* N° 18.

Disponible en https://www.temasdepsicoanalisis.org/wp-content/uploads/2019/07/Guillermo-Bodner.-El-concepto-de-r%C3%AA-verie-en-algunos-modelos-contempor%C3%A1neos..pdf

Improta, A. & Mansione, I. I. (2020 - a cura di). *Emozionario per la Dad. Isolamento Sociale e Approccio Soggettivo. Guida per Insegnanti, Psicologi e Genitori*. Psiconline.

Improta, A. (2015). *Intervento psicologico per la scuola e metodi narrativi. Strategie per la costruzione dell'intervento*. Psiconline.

Improta, A., I., Mansione, I., Raschia, C., Salzano, A. M., Zuntini, Gladys, G., Carballo, S., Colonna, I., Raiola, M. C. e collaboratori. (2017). "Educreando". proyecto de extensión: un'esperienza di gemellaggio metodologico per favorire un apprendimento stimolante e significativo tra le scuole della provincia di Buenos Aires in Argentina, e le scuole della provincia di Napoli e Milano. Sezione "Buone Prassi". *11° Convegno Internazionale "La Qualità dell'integrazione scolastica e sociale"*. Rimini.

Improta, A., Mansione, I. I., Zuntini, L., Cardoso, H., Rasullo Gianelli, C., Colonna, I. e Raiola, M. C. (2015). Si vive di rapporti, si cresce con le interazioni. La gestione di un modello educativo inclusivo fra le nazioni – Report di un'esperienza di collaborazione e ipotesi progettuali. *Convegno per la VI edizione della Settimana del benessere psicologico in Campania*. Portici.

Kaës, R. (1994). *La categoría del intermediario y la articulación psicosocial. La intervención psicoanalítica del grupo*. Asociación Argentina de Psicología y Psicoterapia de grupo.

Mansione. I. I., Improta, A., Carballo, S., Zac, D., Salzano, A. M., Raschia, C., Sica, A. & Giordano, M. A. (2019). Life Skills e Ricerca Sul Territorio: il Progetto Binazionale Educreando come promotore del ben-essere e del desiderio di imparare. Sezione "Contributi scientifici". *12° Convegno Internazionale "La Qualità dell'integrazione scolastica e sociale"*. Rimini.

Mansione, I., Improta, A, I., Raschia, C., Salzano, A. M., Zuntini, Gladys, G., Carballo, S., Colonna, I. Raiola, M. C. e collaboratori. (2017). Intersoggettivismo relazionale, ovvero, si vive nei rapporti e si cresce nelle interazioni: una ricerca metodologica tra le scuole della provincia di Buenos Aires in Argentina, e le scuole della provincia di Napoli e Milano. Sezione "Contributi scientifici". *11° Convegno Internazionale "La Qualità dell'integrazione scolastica e sociale"*. Rimini.

Mansione, Isabel (dir). (2014). *Tensión entre Formación y Práctica Docente. La experiencia emocional del docente.* Colaboraron: residentes del ISDF N° 1 de Avellaneda, Provincia de Buenos Aires. Homo Sapiens.

Mansione, I., Temelini, J. P. & Zac, D. (2016). *Caja de herramientas para la educación emocional.* Editorial Noveduc.

Peter, F. & Bateman, A. (2016). *Tratamiento basado en la mentalización para trastornos de la personalidad. Una guía práctica.* Biblioteca de Psicologia.

Winnicott, D. W. (1993) *Los procesos de maduración y el ambiente facilitador. Estudios para una teoría del desarrollo emocional.* Paidós.

12. Proyecto Educreando@Binacional: La manifestación de ira en los contextos escolares actuales

Isabel Inés Mansione, Diana Zac y Santiago Carballo

Introduccion

La ira, tan humana, aparece en ciertos contextos, que estamos invitados a identificar para poder armar prevención. No se trata de reprimirla, sino de darle lugar a la expresión emocional antes de llegar a ponerse iracundo.

Registrada la emocionalidad circulante y conocidas *las interacciones violentadoras* (devenidas de una investigación y referenciada en artículos previos de este mismo libro), cada sujeto y cada grupo podrá intentar amortiguar el impacto de ciertos estímulos violentadores para que no provoquen una implosión, que suele ser previa a la explosión iracunda.

En las escuelas de la muestra de nuestra investigación han aumentado las manifestaciones iracundas. Tanto en el nivel primario asi como con mayor frecuencia en el nivel secundario, en todos los actores escolares. Durante la pandemia y en la actualidad la ira se manifiesta en una sociedad anestesiada ante el registro emocional, siendo ese registro la parte más importante de un proyecto de prevención primaria y secundaria.

Las manifestaciones de la ira no es solo un emergente individual, es también un tema para la comunidad. Los problemas colectivos requieren proyectos colectivos y es deseable que estos proyectos surjan de investigaciones que recojan las voces de los actores sociales. Partimos del supuesto de que los conocimientos pueden constituirse en conocimientos sin fronteras.

Nuestro proyecto, a la vez que acompaña a los docentes para que logren una vida cotidiana confortable, también investiga qué intervenciones dan mejores resultados en la vida interpersonal e intersubjetiva en la que se desarrollan la vocación y el trabajo en contextos escolares.

La ira y los contextos culturales

Los biólogos y etólogos consideran que está pautada genéticamente en el ADN de la especie una secuencia respecto a la expresión de la emoción de la Ira. Nosotros agregamos que existen estímulos desencadenantes específicos en el contexto cultural.

Contexto de ausencia de empatía

Uno de esos contextos que provoca intenso dolor psíquico es aquel en el que la persona que necesitamos se encuentra físicamente presente, pero distante emocionalmente (no *nos escucha, no nos comprende, no nos registra).* Esa persona justifica su comportamiento en general en un dispositivo sociocultural que legitima su accionar.

Cuando la ira se expresa, puede ocurrir que se le pida al sujeto que se controle como si en ese momento el sujeto estuviera en condiciones de poder disolverla. De esta manera la ira termina siendo tratada como si fuera una explosión de un sujeto considerado singular y sin vínculo con otros, aislado del contexto y por tanto una ira sin motivos.

Esta mentalidad aparece cuando la ira se piensa desligada del contexto en el que emerge, porque no se empatiza con el sujeto, sintiendo con la mente y pensando con el corazón

Ahora se sabe que en una mirada microscópica antes de la manifestación externa el sujeto ha explotado por dentro como rompiéndose en pedacitos (Implosión) y cada uno de esos pedacitos trata de ser expulsado con el grito, con la acción de romper algo u otra manifestación de descontrol.

Contexto de la encerrona trágica

Como venimos explicando la gestación y manifestación de la ira, rabia para otros idiomas, se prepara en un contexto que la provoca, surge en un vínculo en el que la emocionalidad es la respuesta a turbulencias vinculares porque no se pudo tolerar la palabra, el gesto, la ofensa, la mentira, el desconocimiento de la subjetividad, la crueldad, etc.

Tal como decía Ulloa (2005) el accionar cruel esta sostenido por una logística social donde hay beneficiarios de ese estado de cosas, generándose una "*encerrona trágica*" cada vez que alguien depende de su maltratador, sin que exista la instancia de una terceridad que imponga la ley. En la sociedad esto se ve agravado cuando lo que se transmite es un modelo vincular autoritario, que si se interioriza garantiza la repetición de la crueldad.

Por lo tanto, debemos entender la ira como un indicador, un emergente, un mensaje que nos deja una enseñanza para la comunicación: llegar a la otra persona sin ofenderla, humillarla, descontrolarla, llegar en condiciones que pueda escuchar, que pueda serenarse desde la fuerza persuasiva de la empatía, entendiendo sus motivaciones, que nunca deben ser invalidadas.

Si no se ha podido prevenir, la gestión de un episodio iracundo requiere un silencio receptivo, cuya duración tendrá que ver con lo que podemos registrar del otro como indicador de que se ha serenado. Asimismo, puede requerir de palabras que amortigüen la crueldad que actuó como desencadenante.

Contexto de presencia de ofensas

La ira puede surgir cuando uno se siente ofendido en su autoestima o en su inteligencia. Quizá no haya nada más ofensivo en el mundo que ser considerado inadecuado por otro, que luego nos lo dice con expresiones imperativas, por ejemplo: "*sos un vago, nunca estudias, siempre nos estás fastidiando!!! ¿No sabes decirlo mejor?*".

Lo que duele es el modo imperativo que es un contexto muy irritante. Esas expresiones entran como un proyectil, provocando la sensación de que se es tratado como un tonto.

Una de las situaciones que ofende la inteligencia es la mentira, acaso el que miente ignora que la mentira es percibida como tal?. ¿Por qué? Porque la mentira la mayoría de las veces se percibe, el cuerpo y los gestos de la otra persona dicen que está mintiendo. Los seres humanos pueden registrar muchos signos no verbales, que se contradicen con lo que alguien expresa verbalmente dice, y en ese espacio se desaloja la verdad y se introduce la mentira.

Contexto de crueldad social

Nuestra sociedad ha naturalizado la mentira porque se miente y no siente vergüenza: mienten los adultos, mienten los políticos, mienten las organizaciones, mienten los dirigentes, miente la sociedad. Esto constituye una legalidad paralela a la legalidad de la verdad.

La naturalización de la mentira desorienta, confunde y mantiene la violencia a través de interacciones que violentan la relación. La persona sensible e inteligente que escucha la mentira siente mucha rabia, porque se siente un objeto manipulado, dentro de una mentalidad social perversa.

En estas situaciones podríamos beneficiarnos si pudiéramos re direccionar el contenido que provoca rabia, sacándolo del contexto de mentira, par aubicarlo en un acercamiento a la verdad.

Esto ayudaría a no explotar ni implotar a causa de la rabia, que surge de un contexto en el que domina la lógica de un adulto prepotente, que de hecho adultera la relación con el niño/joven/otro adulto y también consigo mismo.

Vemos entonces que las formas imperativas de tratar la subjetividad desde las mentiras, las críticas inapropiadas, el pensar inadecuadamente al otro, provocan reacciones de cólera, por tanto, no son ataques originados en el interior del sujeto sino en ese "entre" el sujeto y el mundo externo

El reverso de la crueldad: la ternura

La ternura no es una expresión ingenua, no es algo naif, es la expresión de un afecto que sólo puede darse en un clima de respeto desde el ser más desarrollado hacia el ser en desarrollo, y que mantiene fuerte el vínculo porque las diferencias y las pluralidades se tratan con Amor. En la vida comunitaria, sucede algo doloroso y triste como describimos en los contextos sociales donde la ternura se rompe porque la crueldad se impone.

Esta práctica de la ternura es posible en un contexto donde el paradigma de la evaluación/sanción, prevaleciente en la sociedad y en la educación tradicional, es reemplazado por el paradigma de la comprensión y la hospitalidad, sin que la ternura sea desvalorizada por asimilarla a la parte blanda del amor (Ulloa, 2005)

Un componente de la ternura es el ejercicio de una "mirada abuenada" (mirada benévola) sobre lo que pasa, lo que nos pasa y la experiencia vivencial y reflexiva captada desde la intuición. Esta "mirada abuenada" se logra, cuando se pueden disminuir las proyecciones y las identificaciones proyectivas, usadas para desentenderse de lo que uno no tolera.

Para nuestro modelo Educreando© Binacional Ítalo-Argentino aprendemos por identificación. Si esta se da partir de relaciones satisfactorias se internaliza el amor al conocimiento y de esta manera si uno se siente respetado aprende a respetar, y también se siente seguro en la relación con el adulto. Interioriza el respeto como una forma vinculante que incluye el derecho a la felicidad.

Una perspectiva sobre el derecho a la felicidad

Podemos pensar en la ira como expresión de necesidades insatisfechas. Estas reflejan los derechos humanos descuidados en la historia social y subjetiva.

Veamos la interacción entre ira y ternura desde una investigación realizada en pandemia, en un taller que APdeBA brindó a los docentes. Estos participaron espontáneamente durante más de un año, contando historias de vida y experiencias personales, de las que transcribimos algunas.

En el diseño de la investigación adoptamos un enfoque cualitativo, con estrategias participativas de diseños flexibles. La inmersión en diferentes escenarios nos ha llevado a trabajar desde abordajes de la educación popular y etnográficos, tanto situados (Achilli, 2013; Bourdieu, 1997; Guber, 2016; Restrepo, 2018) como multisituados (Cruces y otros, 2003; Díaz de Rada, 2014).

Presentamos la práctica de la ternura como un modo de vinculación que basada en la emoción y en el sentimiento del amor, favorece el desarrollo humano, brindando al que la recibe los nutrientes necesarios para la construcción de la confianza en el mundo y en sí mismo. No se trata de propiciar una relación ingenua con el objeto de conocimiento, incluyendo como objeto de conocimiento al propio yo, sino de desplegar una lectura abuenada de las circunstancias aún adversas, de tal modo de dar futuro esperanzador a los problemas del presente y del pasado y un *reverie docente* en el circuito de la comunicación que incluye devolver al sujeto lo que ha depositado en el otro en dosis soportables para su subjetividad. Todo ello aporta fundamento a los aprendizajes necesarios para que un enseñante pueda atravesar una docencia confortable, desde prácticas que reciben al otro aún en sus momentos más ríspidos y alojan sus depositaciones, sin sobrecargarse ni estresarse.

Como en una experiencia de laboratorio interior, la subjetividad del enseñante aprende a recepcionar la subjetividad del que aprende, el enseñante se torna cóncavo porque eso es lo que permite la ternura, y luego transmite algo de lo recibido en procura de transformaciones en los vínculos.

En este camino, recorremos algunas cuestiones que promueven y otras que interrumpen la ternura, tales como el ejercicio del poder sobre el otro desde prácticas coercitivas en contextos desestabilizantes y de destrucción de la confianza y la autoconfianza.

La idea del taller realizado en APdeBA, fue poner al niño/adolescente, en el centro de la escena, visualizando las creencias en las que se sustentan los 'no puedo', sea del estudiante o del docente, centrándonos en la importancia de la ternura desde el sostén que brinda el ser pensado por el enseñante, como experiencia contraria al abandono de persona.

Presentamos de tres recortes de relatos de situaciones vividas por docentes y estudiantes, durante la pandemia:

I. El primero es una carta de un niño de 11 años recibida por un docente de escuela primaria en el mes de mayo del año pasado, comenzadas las restricciones por el aislamiento físico y el distanciamiento corporal:

> Queridas y queridos profesores:
>
> Los extraño muchooo, les quería decir que los quiero mucho; es muy extraño estar acá encerrados, a veces me acuerdo mirábamos películas en el cole, pero más me acuerdo nuestras risas, cuando venían los veteranos de Malvinas. A veces pienso que es el primer día de cuarentena. A veces voy a mi terraza y miro que en la calle no hay nadie.
>
> Profe: con amigas y amigos hicimos un grupo que nos hablamos y nos decimos a veces que es muy extraño no levantarse a la mañana, pero a todos mis compañeros los extrañoooo muchooo.
>
> Bueno profe mandale saludos a l@s otros .
>
> Chau besos a todos

II. El segundo recorte corresponde a la reescritura de un cuento presentado por un adolescente en el mes de marzo del presente año, ante la consigna dada por una profesora de nivel secundario, durante el proceso de acompañamiento a trayectorias. La profesora encargada de la recuperación de trayectorias recibe de un alumno de 15 años la re-escritura de un cuento cuya consigna era escribir un final a elección del sujeto, y la profesora lee algo que preocupa inmediatamente y es que el escribiente alude a un suicidio en primera persona como final del cuento. La docente informó al Equipo de Orientación Escolar de la institución, que inmediatamente tomó cartas en el asunto.

III. Un tercer caso de interés para este tema, es relatado por una profesora del nivel terciario quien envía un mensaje via whatsapp a una alumna, pregunta si pasó algo ya que se ha ausentado por algunos días de las clases sincrónicas. Esa alumna entonces cuenta que se siente muy mal porque su prima con quien tenía una relación muy cercana, se ha suicidado pero que ella nunca había registrado que a su prima le pasara algo que la llevara al suicidio. Dice la profesora que esa alumna ni siquiera la había llegado a ver por zoom.

En el caso del niño de la carta: ese niño está sintiendo que comienza un tiempo de espera que interrumpe la continuidad del existir. Así en su relato se observa la necesidad de revivir la comunicación verbal como un nutriente indispensable para el desarrollo de la subjetividad y la mentalización de experiencias y de vivencias. La integración de la subjetividad se configura desde el lugar de pertenencia de los sujetos (la escuela como espacio de encuentro con sus pares, donde mira películas con sus compañeros, reciben visitas de excombatientes, se ríe con otros... es la añoranza de la clase presencial) y en base a su condición de existencia, estructurándose dialécticamente en lo transubjetivo cultural del espacio público (Maruottolo, 2013).

Respecto al relato correspondiente a una escuela secundaria, el final del cuento agregado por el alumno promueve susto y desconcierto en la profesora, dentro de una comunicación "en zapada" entre mundo interno y mundo interno de la profesora y del estudiante. La docente se vio demandada a intervenir para disminuir lo que intuyó como nivel de desamparo y hacer resguardo de la salud mental. Para ello contó con el taller a la manera de un respiradero emocional para educadores y otros profesionales, es decir, un lugar donde se puede hablar con la comodidad de ser escuchado, no recibir críticas prejuiciosas ni valorativas sino comprensiones para volver sobre lo vivido con el respaldo teórico -práctico y técnico que brinda un conocimiento renovado y construido en el colectivo del grupo, para el procesamiento de vivencias y experiencias (Zac et al., 2016) para aquellos que construyen en el día a día una sana autoridad.

En el tercer caso, del mensaje a la profesora de nivel superior, vemos en ese contexto de pandemia, cómo las relaciones interpersonales se iniciaban aun antes de construir un vínculo, y se convocaba la capacidad del docente de improvisar, como un artista dando rienda suelta a la creatividad para continuar en diálogo desde acciones de cuidado. Tanto el segundo caso como el tercero pueden relacionarse con ciertos *estados de languidez,* como fue denominado por el New York Times, es decir, un estado emocional en que los jóvenes no están francamente deprimidos sino con falta de energía y motivación producto del encierro y de hechos hostiles que promueven vivencias y experiencias, que requieren por parte del adulto escuchar lo que siente el otro, escuchar lo que no se dijo y tomar mucho cuidado con lo que se dice.

En los tres relatos falta la felicidad. Si falta la felicidad, es probable que los seres humanos se enfaden y creen las situaciones disfuncionales que llamamos "relaciones abusivas". Aparece la demanda, la necesidad del otro, de comunicar algo que puede llevar a la violencia del sujeto consigo mismo o con el otro, en caso de no encontrar un interlocutor adecuado.

Indicadores que anticipan una posible explosión iracunda

Basándonos en los resultados de las investigaciones previas de nuestro equipo, hemos identificado indicadores que podrían anticipar la manifestación de la ira, tanto si el sujeto explota hacia el mundo exterior como si implosiona hacia el mundo interior.

A. Interacciones en un contexto de analfabetismo emocional.

Este tipo de interacciones se producen cuando en una comunicación no se puede registrar la emocionalidad propia y la del otro en vinculo. La alfabetización emocional, es decir, el reconocimiento de las emociones tanto en uno mismo como en los demás, es un derecho, que promueve concientización necesaria para la convivencia y posibilita una cultura de la paz. La alfabetización emocional es un derecho que puede experimentarse si el que la trasnmite sabe sobre ella porque se ha entrenado. Es un aprendizaje experiencial en interacción preventivo del estallido de la violencia.

B. Interacciones con la invisibilidad/hipervisibilidad.

> "QUE LOS profesores nos expliquen cuando preguntamos y entiendan que no lo hemos entendido y que no lo hemos hecho a propósito".

Hablamos de invisibilidad cuando un asunto, problema o tema no es visto por el otro, no es tenido en cuenta. E hipervisibilidad cuando el tema es expuesto de tal manera que genera vergüenza por sobreexposición o algún tipo de daño emocional. Cualesquiera de los dos extremos son irritantes y por lo tanto la prevención es tratar los temas/problemas/personas sin exponerlos y sin abandonarlos

C. Interacciones sin paciencia que descontextualizan hechos y experiencias.

> "YO LA tiraría de la escalera" "nos aburre" "que las clases sean más divertidas"

> "ME VIOLENTAN cuando me regañan. Ella no tiene paciencia si no entendemos algo y, además, si lo repite, nos ordena que pasemos página y de mala manera y nos cuestiona cargandonos, y eso no se hace". (Estudiante)

> "UNA VEZ le grité que no entendía y me echaron de clase.... Todos le tenemos miedo (en referencia al profesora)... Hay que cambiar a la profesora porque no respeta al alumno" (Alumno).

Cuando el profesor/alumno está tensionado/frustrado/cansado, no registra la emocionalidad del contexto y no encuentra la manera de decir lo que siente; los jóvenes expresan lo que sienten con menos filtros, y puede ocurrir que el profesor se ponga a la defensiva.

Entonces el proceso de comunicación efectiva se rompe en un "contexto de impaciencia" que incluye decepciones de las que nadie habla explícitamente. Entonces lo que previene la violencia es desarrollar paciencia/continente/hospedaje/concavidad.

D. Interacciones en las que no se tolera lo incompleto, con desilusión por expectativas no cumplidas

Ocurre cuando lo que se plantea se piensa desde un marco ideal, con poca correspondencia con el contexto real. Entonces ocurren decepciones lo que pueden esperar de un compañero/profesor.

> "Debería entender, si no, ¿para qué sirve que sea profesor?" (Alumno)
>
> "No nos quiere y le tenemos miedo" (Estudiante)
>
> "Por mi parte, lo que aporto es presencia…Estar presente en los momentos de ocio, ayudar al Director y al Secretario...Dar una mano en lo que haga falta..."(Profesor)

Alumno y profesor son del mismo espacio curricular y de la misma escuela y año de cursada.

¿Cuál es la diferencia entre la autopercepción y cómo te ven los demás? Enfadarse por no entender desde el principio es una respuesta posible pero dolorosa, Si el profesor y el alumno aprenden a esperar sin actuar defensivamente, en lugar de la ira damos lugar a que aparezca la serenidad del pensamiento.

E. Interacciones en contextos de "exposición" a la diversidad.

> "Ante un alumno discriminado por ser gay adopté una postura protectora…" (Profesor)

La escuela actual pretende ser inclusiva, pero si no se basa en el registro emocional, la inclusión es un decir, una norma, desconectada de las practicas interactivas. Cuando se niega o ridiculiza la diversidad, no se registra la emocionalidad que circula, la comunicación se vuelve no empática y las diferencias se viven como un mal inevitable, ahí es donde puede aparecer la ira.

Para que la escuela no pierda su 'capacidad de promesa', debe recuperar la confianza en la palabra del otro, dar futuro y esperanza. Esto significa un cambio desde la autoridad basada en el 'mandato' a la autoridad basada en la 'responsabilidad'. La alfabetización emocional es un derecho, ya que permite construir una gramática capaz de leer los estados emocionales y abordar los problemas antes de que se conviertan en conflictos.

La ira, la vergüenza, el amor, el odio, el miedo, los celos, la envidia constituyen una especie de equipo que llevamos con nosotros desde que nacemos. Un equipo defensivo que en el encuentro con la familia, la escuela y la cultura social puede procesarse si el entorno es receptivo, cálido y empático.

Hemos hecho este recorrido sobre la expresión de la Ira y los contextos donde se gesta y sostiene, porque como psicoanalistas convivimos en nuestra realidad latinoamericana en contextos complejos con la violación de los derechos humanos, con la inversión de las perspectivas en el relato de los hechos, oficializado desde el colonizador hasta la actualidad. Este estado de cosas provoca respuestas polares, desde la represión de la emocionalidad hasta la explosión de la Ira.

Nos proponemos un psicoanálisis que nace de la toma de consciencia acerca de su participación en sostener la libertad y una ciudadanía responsable para una cultura de la paz. Esto requiere prácticas que sostengan el cumplimiento de los Derechos Humanos, y un enfoque de trabajo comunitario, en el que la idea es que nadie vive, crece o se salva solo.

Referencias

Equipo Educreando©binacional (2020). *Emocionario, guía para padres, docentes y psicólogos*. Psiconline.

Mansione, Zac, Temelini y otros (2016). *Caja de herramientas para la educación emocional*. Noveduc.

Maruottolo Sardella, C. (2016). Más allá del principio de realidad. Subjetividad y psicoanálisis de tercera generación. *Aperturas psicoanalíticas. N 052.*

Rilke, (2005). El sepulcro de una muchacha joven. In *El libro de las horas.* Hiperion.

Ulloa, F. (2005). *Seminario internacional la escuela media hoy*. Ministerio de educación, ciencia e investigación de la Nación Argentina. Vuelta Grande.

Winnicott, D. (1996). *El Hogar nuestro punto de partida*. Paidós.

Parte IV
Otros temas, nuevas reflexiones

13. El analista en la comunidad – La comunidad de analistas

Cecilia Lauriña

> *"Más que extranjero, Pichon-Rivière promovía extranjería, en cuanto al afán de encontrar otros conocimientos y recursos, abriendo vocación por campos extraños a los más tradicionales del psicoanálisis."*
>
> Fernando Ulhoa

Comenzaré relatando una experiencia personal-grupal e institucional. Tengo el gusto de coordinar desde hace tres años la Sub-comisión Psicoanalistas en el Territorio[1] de la Secretaría Científica de la Asociación Psicoanalítica Argentina. Esta subcomisión nació por iniciativa de Cristina Salas, quien desde su función de secretaria científica, nos encomendó la tarea de visibilizar las prácticas extraterritoriales en nuestra institución. Fue de este modo que nos constituimos en algo así como un grupo de investigación.

Lo primero que encontramos fue el silenciamiento y la poca visibilidad que estas prácticas tenían. Gozaban de cierta adjetivación negativa: psicoanálisis aplicado, degradado, hasta vergonzante. Algo así como: se hace y no se dice, y si se dice, es en voz bajita… sobre todo en el marco de la formación psicoanalítica.

1 Integrantes de la Sub-comisión: Gabriela Fridman, Liliana Amarilla, Gabriel Finquelievich, Alejandra Gómez, Any Krieger, Raúl Neumann, Carlos Tewell, Laura Trotta.

Nos preguntamos muchas cosas: ¿qué es un territorio?, ¿quién lo delimita?, ¿cuáles son sus fronteras?, ¿qué transferencia opera?, ¿con qué herramientas cuenta el analista para transitar en esos territorios ignotos?, ¿qué historia podíamos rastrear desde la creación del Instituto de Berlín, en nuestro país y en la Asociación Psicoanalítica Argentina?

Intentaré ir desarrollando algunas de estas ideas, sin pretensión de dar respuestas. Mas bien me propongo abrir cuestiones y, en el mejor de los casos, derribar algún prejuicio.

En ese camino de investigación, también fue surgiendo la pregunta acerca del lugar que estas prácticas, a las cuales no les faltan antecedentes ni teorías, tenían en la formación analítica.

Un importante número de miembros y analistas en formación trabajan en variadísimos territorios, no obstante, percibimos cierta disociación entre lo que observamos como un territorio habitado por analistas muy comprometidos con el trabajo comunitario, y la formación psicoanalítica, ya que no se ofrecen seminarios curriculares que brinden herramientas para estas prácticas. Si bien estamos convencidos de lo imprescindible e ineludible de un pasaje responsable por el análisis, la supervisión y el abordaje teórico de los conceptos fundamentales del psicoanálisis para poder salir a la comunidad, también es imprescindible el recorrido por los tantos autores que han pensado y teorizado las intervenciones psicoanalíticas más allá del diván. Camino inexorable de ida y vuelta. Psicoanálisis en intensión y extensión.

Así surgió la propuesta de un seminario curricular: "Psicoanalistas en el Territorio", que dictamos grupalmente, en el cual la investigación y la horizontalidad se transformaron en un modo de transmisión psicoanalítica diferente al clásico. En este seminario recorremos diversos autores, desde los pioneros a los contemporáneos, con el aporte clínico y vivencial de los analistas que hoy pueblan esos territorios. Un espacio en el cual se puede contar: contar lo vivido y contar con el otro. Se va tejiendo así un entramado entre teoría y práctica, en un espacio de escucha compartida.

De este modo se fue creando un "acogedor sin vergüenza", al decir de Liliana Amarilla.[2]

Dejo este testimonio con la clara intención y el deseo de que la formación psicoanalítica vaya transformando las fronteras en puentes.

La experiencia Rosario narró mi vida como psicoanalista[3]

Fernando Ulloa relata una experiencia inaugural. De la mano de Pichon-Rivière y unos cuantos analistas venturosos, tomaron un tren a Rosario, allá por el año 1958, con mucho miedo, intriga y pasión, ya que no sabían qué iban a encontrar.

Pichon preparó un equipo de trabajo mediante técnicas grupales. En la ciudad de Rosario,[4] se había publicitado la realización de la experiencia mediante afiches.

> *El viaje a Rosario del equipo de coordinadores fue en tren. Eran en su mayoría novatos en la tarea a realizar, que no estaba demasiado clara. Casi todos eran psicoanalistas discípulos de Pichon-Rivière dentro de la Asociación Psicoanalítica Argentina: David Liberman, Fernando Ulloa, José Bleger, Edgardo Rolla, entre otros (Carpintero, & Vainer, 2009).*

---

2 Analista en formación de APA, integrante del seminario.

3 Fernando Ulloa, Psicología Psicoanálisis Salud Mental. Disponible en: www.campopsi.com.ar

4 Rosario, ciudad de la provincia de Santa Fe, Argentina.

En el transcurso del viaje, cuenta Ulloa, que ante las dudas e incertidumbres acerca de lo que iba a acontecer, Pichon-Rivière les contestó: "Si cuando tomemos el tren de vuelta nos tiran con bosta, quiere decir que cuando un grupo como este hace en Rosario *lo que terminemos haciendo*,[5] al irse le tiran con bosta". Así tranquilizó al grupo. Pichón en la apertura del encuentro, habló de *kakistocracia*, significante que sólo pudieron entender los integrantes del equipo, ya que aludía elípticamente a los inciertos resultados de la experiencia.

Los esperaba un público muy numeroso y heterogéneo, desde estudiantes y profesores universitarios, pintores, amas de casa, corredores de seguros, obreros del puerto, empleados de comercio, algunas prostitutas, hasta boxeadores. Se organizaron formando grupos heterogéneos con un coordinador y trabajaron durante todo el fin de semana sobre variadas problemáticas que cada grupo proponía. "*Frente a una máxima heterogeneidad de los componentes se podía lograr una máxima homogeneidad en la tarea*", relata Ulloa.

La "Experiencia Rosario" dio frutos que abonan las prácticas en la comunidad hasta nuestros días; la metodología de Grupos Operativos que creó Pichon-Rivière, y su conceptualización del Esquema Conceptual, Referencial y Operativo (ECRO), tuvo plena vigencia desde los años 60 en la enseñanza en las facultades de Medicina, Psicología y otras carreras.

> *Pichon-Rivière fundó un año después la Escuela Privada de Psiquiatría Social que, con el tiempo, se transformó en la Escuela de Psicología Social. La importancia de su práctica y su pensamiento generó discípulos como F. Ulloa, J. Bleger, D. Liberman, E. Rolla y muchos otros de la siguiente generación, entre quienes podemos citar a Armando Bauleo y Hernán Kesselman. Estos, pertenecientes*

5 El subrayado es mío.

> *al campo del psicoanálisis, serán los agentes multiplicadores de este nuevo abordaje grupal que se extendería hasta límites impensables en la década del 60 (Carpintero, & Vainer, 2009).*

En esos tiempos se fueron desarrollando teorías que hoy es necesario revisitar, actualizar, repensar. Dignos y muy creativos desarrollos que partieron de experiencias en el campo social y hoy son sustento de nuevas prácticas.

Subrayo lo antedicho en las palabras de Rivière, en pleno desembarco en Rosario: "...lo que terminemos haciendo", claro significante de una arriesgada apuesta a sostener la incertidumbre y el gusto por la novedad, más que la tradición. No sabían qué iba a acontecer, pero estaban en una posición privilegiadamente psicoanalítica: dando la palabra y abiertos a la escucha de lo más imprevisible, ajeno y extraño. Estos pioneros que llevaban el psicoanálisis en su forma de escuchar, de mirar el campo y leer la realidad se empeñaban en desarrollar técnicas para generar pensamiento crítico, quizás porque ellos mismos no tenían prejuicios en cuanto a la salida de los consultorios.

El analista en la comunidad

El psicoanálisis nace de la interrogación acerca de lo hasta ese momento desechado, de lo nimio, de lo extraño.

Aquello que surge de lo que está por fuera del marco establecido suelen ser las prácticas en diversos territorios, extramuros, más allá de las pulcras paredes que albergan los coquetos divanes. El trabajo en esos marginales territorios nos permite abrir las fronteras, "concebidas como zonas fértiles y los conceptos como migrantes" (Horenstein, 2023, p. 338).

Frontera es ese espacio sin dueño, ese espacio en el que no sólo hay delimitación de lugares; las fronteras son espacios en movimiento, en los cuales hay intercambios, hay acontecimiento y producción. Es necesario interrogar las fronteras para rescatar sus variadas aristas, la especificidad de nuestra disciplina y sus múltiples posibilidades.

Desde el comienzo mismo del psicoanálisis estas prácticas tuvieron lugar y relevancia. Como veníamos afirmando, también dieron lugar a infinitas y ardientes discusiones acerca de su pertinencia con respecto al campo del psicoanálisis. Transitar en esos territorios devastados por la violencia, la exclusión y la pobreza, dando palabra y visibilizando lo excluido y silenciado del tejido social, puede acarrear peligros de pérdida identitaria, dejar de ser considerado psicoanalista, por ejemplo. No obstante y por fortuna, o por actitud tenaz y comprometida, estas prácticas son vigentes y cada vez más extendidas y validadas. Transitar por esos territorios implica riesgos, pero también la posibilidad de salir muy fortalecidos.

¿Qué autoriza a un psicoanalista en su trabajo comunitario?

¿Perdemos rigurosidad, seriedad, especificidad?

En los tiempos contemporáneos, se han abierto territorios a explorar, como lo *queer*, lo trans, las identidades de género, las migraciones, racismos, discriminaciones, entre muchos otros, que cuestionan nuestros saberes e identidades; también la pandemia conmocionó nuestros saberes instituidos y los habituales encuadres. Inesperadamente y sorprendidos por nuestra insospechada flexibilidad, pudimos realizar los cambios necesarios para que la escucha psicoanalítica siguiera vigente. Nos autorizamos a trabajar en un espacio diferente, el tradicional consultorio se transformó en un teléfono o una pantalla, y nuevamente el psicoanálisis dio muestras de su eficacia, aun en territorios desconocidos.

Me atrevo a afirmar que es la presencia del analista, con su escucha, su adecuada posición abstinente y convicción en el método, lo que crea, transferencia mediante, territorios en los cuales su intervención será oportunidad. Se trataría, de usar los conceptos freudianos como una base firme y a la vez maleable, que nos permita operar, con el trípode como base de sustentación.

Defino entonces los elementos que juzgo cruciales en el trabajo más allá del diván: transferencia-abstinencia, escucha, convicción en el buen poder de la palabra y una ética que diferencie estas prácticas de cualquier técnica sugestiva o asistencialismo de cualquier tipo. Reconociendo la ignorancia, que es docta, y la falta de recetas, podemos enfrentar nuevos desafíos y brindar palabra y escucha. La abstinencia cobra verdadero sentido, en principio como abstinencia al poder, ya que vamos a los territorios "como los baqueanos, ligeros de equipaje" (Ulloa, 2023, p. 32), en una actitud que, lejos de posicionamientos certeros afirmados en un saber, da lugar al otro. Ulloa (2023, p. 103) la llamó "estructura de demora", "...abstinencia concebida como una especie de arte marcial, que no suprime el registro, sino la acción inmediata...". Lo que se demora, entonces, es una respuesta, una ilusoria solución, ya que el dispositivo mismo delinea un camino.

La clínica extramuros nos enfrenta cada vez a ir más allá del marco establecido, repensarlo y redefinirlo, no para actuar sin ninguna marca, pero sí dándonos la libertad de ir más allá de lo instituido en un abordaje psicoanalítico creativo e instituyente, de nuevas marcas quizás...

Será necesaria la insubordinación, la separación que promueve libertad de pensamiento, para transitar por fronteras que pueden convertirse entonces y a propósito de la libertad, en puentes, en nuevos contornos para nuevos desafíos.

La comunidad de analistas

Ingresar en la institución psicoanalítica y realizar la formación es una aventura apasionante, transitar el trípode de formación da lugar al analista en formación a ubicar dignamente su posición ética.

A un siglo de la institucionalización del psicoanálisis, es necesario reflexionar acerca de nuestro propio territorio.

Territorio en constante movimiento, al compás de los cambios sociales.

Territorio hoy conmocionado en sus habituales modalidades y encuadres por los cambios que fue necesario incorporar a propósito de la pandemia, la implementación de la virtualidad para dar continuidad al trípode y las nuevas encrucijadas de un mundo que cambia vertiginosamente y exige revisar nuestros posicionamientos éticos.

Quizás estas impensadas mutaciones sean la oportunidad de revisar reglas y estereotipos que crean ilusorias garantías.

Recordemos que Freud (2013[1912-1913], p. 172) afirmaba que al médico no siempre le resulta fácil mantenerse dentro de las fronteras de la ética y la técnica que se prescriben, "sobre todo al hombre joven y no bien afirmado", decía. Ahora bien, la posición subjetiva de los "analistas más reconocidos" (Freud, 2012/1919[1918], p. 169), como los llamaba Freud, que ocupan la función de analista, supervisor o maestro, también debería ser objeto de revisión e investigación. Algunos analistas confiados en su experiencia olvidan aquello de: "Sólo el verdadero sabio será modesto, pues sabe cuán insuficiente es ese saber" (Freud, 2010[1926], p. 217). La formación es permanente y ningún analista está a salvo de ocupar posiciones que, desde el autoritarismo, no dan lugar a los cambios que las nuevas realidades exigen y no favorecen que los analistas en formación vayan adquiriendo un pensamiento más autónomo, en el largo proceso de formación.

Sin embargo, aun contando con analistas experimentados que desean hacer una verdadera transmisión del psicoanálisis, es necesario considerar cómo el sistema de formación institucional, así como propicia y enriquece al candidato, también puede funcionar como un cepo. A su vez, el cumplimiento del deber sería condición que aseguraría el pertenecer, el ser aceptado y valorado por la comunidad analítica. Extremando los términos, se podría decir que la libertad de movimiento del candidato en formación está acotada, limitada no sólo por la reglamentación, sino también por la posición subjetiva de cada cual. Por esta razón, la articulación de las diferentes posiciones del trípode debe recostarse en el diván.

En este sentido, siguiendo la huella de los creativos, pero también irreverentes pioneros, es preciso repensar las fronteras y marcas que la institución impone, al decir de Orduz, y dar respuesta a los nuevos paradigmas a los que nos vemos enfrentados.

- ¿Se toman en cuenta los contextos socioculturales de los analistas en formación, a la hora de exigirles el cumplimiento de las reglas?
- ¿Es considerado el trabajo que realizan en la comunidad como parte de su formación?

Del mismo modo, los análisis y las supervisiones a distancia, que han dado cuenta de su buen desarrollo y eficacia, han resuelto severos problemas de endogamia y posibilitado continuar con la formación a los analistas que residen distantes de las asociaciones.

Quizás es hora de conmover lo instituido y pensar en nuevos formatos instituyentes, más inclusivos y democráticos.

Escuchemos este testimonio de una analista en formación[6]:

Lo que la virtualidad permite

> *"Durante el tiempo que transitaba la formación, la IPA aún no validaba formalmente la supervisión, el análisis y los seminarios vía online, por lo que sólo quedaba dialogar con los pocos analistas que conformaban el pequeño instituto en mi ciudad. El instituto no propiciaba apertura alguna, parecía temer vincularse con otros institutos que hablaran un "idioma" distinto.*

6 Analista adherente, que prefiere guardar la confidencialidad.

En el último año de mi formación, OCAL presentó la posibilidad de hacer intercambios virtuales con diferentes institutos de Latinoamérica, una oportunidad emocionante en mi deseo de conocer otras formas de pensar, de vincularse, de leer, de vivir… otros idiomas. Ahí, no dude en inscribirme, lo cual, por un lado, generó inseguridad por parte de mi instituto, y por otro, el inicio de una aventura en la cual se me invitaba a participar en grupos de estudio, seminarios, congresos internacionales, webinars, etc., con apenas levantar la mano temerosamente. Ahora tomaba forma aquello de la "cuarta pata" que escuchaba de diversos candidatos a nivel internacional, el compartir entre pares. Esta posibilidad de compartir-se y compartir-me abrió en mi mente la posibilidad, no sólo de pensar-me y pensar-nos (paciente-analista y analista novel-analista experto, ser humano-ser humano) de una forma distinta en mi propio análisis, sino de tener una supervisión y un diálogo sobre la supervisión (en los seminarios de APA) desde una mirada en la que no prima el poder sino la sensibilidad, la humanidad, el vínculo, la camaradería. La posibilidad de supervisar prácticas fuera del consultorio y con analistas de otros países me ha brindado no sólo aprender sobre una teoría y una técnica distinta y/o complementaria, sino sobre la aceptación de mi contratransferencia al servicio del paciente, y sobre todo, del uso de mi propia sensibilidad en la cura por la palabra".

Estas elocuentes palabras nos invitan a repensar lo instituido de nuestras reglamentaciones que pueden ahogar el deseo en aras del cumplimiento del deber, y el cuidado de las instituciones más que el crecimiento de sus miembros.

Como menciona esta analista, OCAL, la Organización de Candidatos de América Latina, ha organizado en los últimos años intercambios entre institutos, a fin de que los analistas en formación puedan abrir las puertas de sus institutos y conocer otras voces, otros pensamientos, otras formas de transmisión. Fue una propuesta que contó con un gran número de analistas en formación deseosos de abrir las puertas de sus institutos y alcanzar otros confines. Sin embargo, esos seminarios cursados "fuera de casa" no son reconocidos por los institutos. Cabe preguntarse si esta experiencia no debería ser considerada por los institutos de formación, ya que los intercambios intersocietarios podrían beneficiar no sólo a los analistas en formación, también a las sociedades, que se enriquecerían con nuevas perspectivas.

Me recuerda una reflexión muy ocurrente de Ulloa (2023, p. 32):

> *Si bien la fidelidad es mérito importante del mejor amigo del hombre, los perros no son buenos amigos del psicoanálisis, entre otras cosas por su decidida apuesta por el amo. Cuando no lo hacen es porque abandonaron los hábitos serviles, tal vez en aras de una recuperada lealtad al antiguo instinto de sus primos, los lobos, aun al precio de la intemperie. El mismo precio que paga el psicoanálisis cuando se aleja de los caminos domesticados por el uso, para arriesgarse por senderos poco habituales, pero propicios para sortear los obstáculos que dificultan el quehacer psicoanalítico, apuntando al inconsciente.*

Sea una teoría, un autor o una reglamentación que esté en el lugar de amo, producirá sumisión y cerrará la vía a la invención y al pensamiento crítico, aquel que propiciaban nuestros pioneros.

Acerca de la supervisión en territorios

Otra cuestión que es necesario considerar en el marco de la formación psicoanalítica es, como venimos planteando, qué lugar les damos en nuestras instituciones a las prácticas extramuros, ya que gran parte de los analistas miembros o en formación trabajan en variadísimos territorios, pero la formación curricular no los incluye. Tampoco es posible realizar supervisiones oficiales sobre estas prácticas. ¿Podrían incluirse?

Dice Luis Bibbó y Silvana Hernández (2023):

> *...el futuro del oficio del psicoanalista nos depara campos inéditos por conocer, recorrer y conceptualizar, en esa tensión necesaria entre tradición y creación, sin entronizar la pureza de los orígenes y a la vez sin alejarnos y perder las raíces.*

Hace un tiempo un analista en formación me relató una penosa (tragicómica) experiencia: al demandar una supervisión sobre su trabajo en el contexto carcelario, la respuesta que obtuvo fue una contundente desestimación. "Mejor cambiá de trabajo", respuesta sostenida en la idea de lo complejo de ese territorio y de la dificultad para pensar un dispositivo de supervisión adecuado. En contrario, se podría argumentar que son esas complejidades las que ponen a prueba la eficacia de nuestro método, nacido entre guerras, escuchando las situaciones más atroces.

Estar acompañado

Tomo este elocuente testimonio que conocí a través del trabajo "Des-marcando límites" escrito por Fernando Orduz[7] que tuve el gusto de comentar en la presentación del libro *Práticas psicanalíticas na comunidade*, en APA en mayo de 2023.

Agradezco a Fernando y Pilar esta posibilidad:

Pilar Raffo[8], analista de la Asociación Peruana de Psicoanálisis, atiende a Alfredo en el Centro de Atención Psicosocial, donde se trabaja con personas afectadas por la violencia de origen político. Su madre

7 Analista de la Sociedad Colombiana de Psicoanálisis.

8 Analista en formación de la Sociedad Peruana de Psicoanálisis.

está encarcelada por pertenecer a una organización terrorista. "¿Qué *es una presa política?*", pregunta Alfredo, ya instalada la transferencia.

> *Pilar toma la mano de Alfredo y cruza los límites prohibidos, sale del consultorio al encuentro del paciente, cerca de la cárcel donde su madre está recluida. La terapeuta asiste al encuentro extramural con su paciente poseída por ese sentimiento de culpa que pareciera un vigía que nos supervisa desde el interior para recordarnos que estamos ad portas de enfrentar los juicios de Torquemada que nos llevarán al infierno. Pero Pilar no se intimida, se atreve, traviesa atraviesa el umbral, espera a Alfredo en el espacio externo del penal. Por ese espacio analista y paciente van tomados de la mano, cada uno con su silencio, como adentrándose en alguno de los círculos de Dante, buscando un espacio dedicado a la memoria (Orduz, 2023, p. 72).*

Tiempo después, impactada por este relato, me comuniqué con Pilar para obtener más datos sobre su intervención.

> *Había percibido que Alfredo estaba en una situación de riesgo real*", dice Pilar. "*Decidí entonces informarle sobre Sendero y los presos políticos. Le propuse ir juntos a la muestra fotográfica de la Comisión de la Verdad y Reconciliación, 'Yuyanapaq'. Sentía que necesitábamos despoblar los fantasmas para que venga la realidad y que ello le permitiera hacer preguntas.*
>
> *Eran tiempos de la Comisión de la verdad y como creo que se dan a veces las cosas, un poco circunstanciales, animadas por un deseo de conocer esos extramuros. Yo*

> *trabajaba dentro pero también fuera del penal en la institución donde teníamos discusiones de grupo entre pares.*[9]

Cuando le comento a Pilar que estoy escribiendo sobre la supervisión en territorios, me relata esta emocionante experiencia:

> *Una supervisora tan querida y especial como María Ángela Cánepa que creía fervientemente en este quehacer comunitario, y trabajó muchos años antes que nosotros en este campo con Viñar cuando recién se hablaba de esto, me acompañó en esta decisión. Creo que si no hubiera estado acompañada mental y emocionalmente por ella no sé si lo hubiera hecho. Así que este es mi tributo a María Ángela, quien ya no está con nosotros desde hace muchos años.*[10]

Tal como reflexiona Orduz (2023, p. 72), los analistas solemos ir a esos inciertos y prohibidos territorios, acompañados por un *"vigía que nos supervisa desde el interior"*, culpa superyoica que acecha e inhibe. El mejor antídoto es el acompañamiento de un supervisor que dé escucha y palabra, que habilite, que propicie la reflexión para poder enmarcar estas prácticas pudiendo siempre, en el *a posteriori*, dilucidar sus efectos y lo mucho que otorga a la formación del analista.

La intervención del supervisor varía si su posición es de garante de la norma institucional o si su orientación promueve el discurso analítico, incorporando los nuevos desafíos a los que nos enfrenta la clínica contemporánea. Nuevos saberes, nuevos horizontes.

9 Pilar Raffo. Comunicación personal con la autora, mayo de 2023.

10 Idem.

Referencias

Bibbó, L., & Hernández, S. (2023). El psicoanalista en su ida y vuelta a la comunidad. *Revista Calibán*.

Carpintero, E. & Vainer, A. (2009). Los cambios sociales y culturales en la década del sesenta y el auge del psicoanálisis en la Argentina. Enrique Pichon-Rivière y la Experiencia Rosario. *Topia*. Disponível em: http://www.topia.com.ar/articulos/enrique-pich%C3%B3n-rivi%C3%A8re-y-la-experiencia-rosario.

Freud, S. (2013). Puntualizaciones sobre el amor de transferencia. In *Obras completas, Tomo XII*. Amorrortu. (Trabajo original publicado en 1912-1913).

Freud, S. (2012). ¿Debe enseñarse el psicoanálisis en la universidad?. In *Obras completas, Tomo XVII*. Amorrortu. (Trabajo original publicado en 1919[1918])

Freud, S. (2010). ¿Pueden los legos ejercer el análisis? Diálogos con un juez imparcial. In *Obras completas, Tomo XX*. Amorrortu. (Trabajo original publicado en 1926).

Horenstein, M. (2023). El incendio y el relato. In S. Terepins & S. Bracco (orgs.). *Práticas psicanalíticas na comunidade*. Blucher.

Orduz, F. (2023). "Des-marcando límites". In S. Terepins & S. Bracco (orgs.). *Práticas psicanalíticas na comunidade*. Blucher.

Ulloa, F. (1995). *Novela clínica psicoanalítica. Historial de una práctica*. Paidós.

Ulloa, F. (2011). *Psicología Psicoanálisis Salud Mental*. Disponível em: www.campopsi.com.ar.

14. ¿Pueblos originarios o el origen de los pueblos? Una visión psicoanalítica

Natalia Mudarra

(...) Soy piedra y latido, soy rugido de fiera en la noche,
compás de lluvia en la arena.
Mis cabellos flotan sobre el río, soy brillo de luciérnagas entre la hojarasca.
Pertenezco a la selva, traigo palabras de unión y fuerza,
de aliento y de esperanza.
Están escritas en fuego y sangre nuestras lenguas, nuestras voces
perviven en el aire, resuenan a través de los siglos.
Nuestra fuerza está en la tierra y la unión con ella,
nuestro vigor está en nuestros cantos, en nuestras flautas,
en nuestros pasos a través de los árboles (...)

Palabreo del Chamán)

Este poema pertenece a un libro que acaparó mi atención y que no pude resistirme a comprar en un viaje a mi país natal. Pude notar en mis acompañantes, el interés en entender la motivación y la utilidad que, para mí, podría tener un tratado acerca del mundo indígena venezolano.

Resultó un desafío (bien recibido) transmitirles que mi oficio transcurre también, en la interacción con lo distinto y extramuros, siendo la realidad de los pueblos originarios la oportunidad para fomentar en mí y en personas cercanas, la sensibilización hacia otro distinto; situación que, en la actualidad, parece no estar siendo tolerada ni sostenida por la humanidad.

Según la British Broadcasting Corporation (BBC), en un artículo escrito por el periodista Ricardo Senra (2023), se asegura que el mundo se está volviendo un lugar más violento en comparación a lo vivido a inicios de siglo, y se pronostica que la situación pueda empeorar en los siguientes años con la activación de conflictos armados que potencialmente puedan convertirse en múltiples guerras. Allí destaca:

> *Junto a la guerra entre Israel y Hamás en la Franja de Gaza, que acumula miles de muertos desde el 7 de octubre, y la invasión rusa de Ucrania, que cumplirá dos años en febrero de 2024, en este momento se viven conflictos armados a gran escala en Burkina Faso, Somalia, Sudán, Yemen, Myanmar, Nigeria y Siria.*

Interesarse por lo diferente, intentar acercarse a ese OTRO sin colonizarlo o someterlo, está en nuestra naturaleza como analistas. Trabajamos durante toda nuestra formación en respetar y propiciar la autonomía del pensamiento en nosotros y en nuestros consultantes. Sin embargo, resulta valioso que podamos propiciar en las comunidades de nuestros países locales y regiones, el espacio mental disponible para ser receptivos de los contenidos afectivos, sociales, culturales que no nos pertenecen propiamente, pero que sí lo son en una visión macro, y que, dada la globalización, necesariamente nos alcanzan.

Pero, ¿qué puede decir el Psicoanálisis al respecto?

Considero, que dos de las razones por las cuales el Psicoanálisis ha sido criticado históricamente son, en primer lugar, porque se ocupa en exceso de lo individual, lo singular, lo interno, y en segundo término porque se tiende a pensar como un cuerpo teórico que no muta, no cambia, que no es permeable a las vicisitudes de la época.

Creo que aquí puede haber una confusión que vale la pena aclarar. Ciertamente, el Psicoanálisis ha encontrado suficiente evidencia para sostener que los primeros años de vida del infante humano son determinantes en su posterior desarrollo, esto es uno de los pilares del cuerpo teórico psicoanalítico, pero también lo es la importancia de las series complementarias, es decir, de todas las condiciones que circunda al bebé.

Freud siempre estuvo tejiendo relaciones entre lo íntimo y los contextos sociales donde dicha interioridad ocurría. Permanentemente, hacía reflexiones acerca de situaciones y vivencias que pasaban fueran de su consultorio y que impactaban dentro de él.

Ejemplos de estas compilaciones que realizó acerca de la interacción individuo y cultura son:

- La moral sexual cultural y la nerviosidad moderna (1908);
- Tótem y tabú (1913);
- Psicología de las masas y análisis del yo (1921);
- El porvenir de una ilusión (1927);
- Malestar en la cultura (1930) ;

por citar solo algunos.

Si bien, el aporte más valioso del padre del psicoanálisis fue desarrollar la idea de que existe un mundo psíquico, interno, que nos gobierna, también desarrolló la noción de una interioridad que se relaciona con una exterioridad, siendo ambas permeables a su contraparte.

Es decir, desde el principio Freud estaba desalineado de un pensamiento purista, aceptando y promoviendo los intercambios del Psicoanálisis con otras ciencias y saberes, reconociendo así el impacto firme y permanente de la cultura.

También se dio cuenta de que dejarse permear por "lo de afuera" despierta muchas ansiedades: de separación, de pérdida, de aniquilación. Él mismo lo vivenció cuando el Psicoanálisis empezó a tener seguidores que quisieron amplificar, declinar o cuestionar lo "ya dicho" por el mismo. Y es que muchas veces lo que ocurre fuera de nuestras mentes, de nuestro consultorio, de nuestra sociedad, puede resultar amenazante y con esto, despertar actos de evitación y en algunos casos, de maltrato hacia eso no – yo, una de las razones de la violencia a la cual nos encaminamos constantemente como civilización.

Aunque en Tótem y Tabú de 1913 Freud ya había aplicado el psicoanálisis a temas de etnología, fueron autores posteriores quienes sistematizaron dicho enfoque, constituyéndose así el Etnopsicoanálisis como un campo en la interfaz entre el psicoanálisis y la antropología.

El Etnopsicoanálisis proporciona información sobre la relación entre los conflictos internos y las contradicciones y tensiones en la estructura social. Los conflictos internos no pueden dilucidarse únicamente mediante el análisis de los individuos, según Paul Parin (1977), sino que debe considerarse el origen y el resultado de los conflictos internos dentro del contexto de las condiciones sociales y procesos históricos de las personas. Los criterios de salud – enfermedad, bien – estar y mal – estar, ameritan ser cuestionados para cada porción de individuos de la raza humana en el contexto que se les quiera comprender.

Una de las razones para la compra del libro, que dio apertura a este artículo, no fue únicamente sentimental, por mi cercanía y nostalgia por Venezuela. Fue también porque desde hace casi 10 años tengo interés por los pueblos originarios, tiempo en el que resido en Panamá.

Pero, ¿qué se entiende por pueblo originario? Es una denominación para referirse a los descendientes de quienes estaban en el lugar antes de la llegada de otros, que ahora constituyen la sociedad mayoritaria y dominante. En América Latina, corresponde a los grupos de humanos descendientes de ancestros precolombinos que han mantenido sus características idiomáticas, sociales y culturales (OPS, 2023). Muchos de los miembros de estas comunidades aborígenes siguen habitando y cuidando la tierra heredada de sus ancestros.

Ya Freud había dicho que el individuo no es dueño de su propia casa – mente; si bien es un espacio que habita, debe hacer intentos suficientemente buenos para conocerla y cuidarla. Una buena metáfora de lo que deberíamos procurar también con el mundo y la naturaleza, fuera de nuestras mentes. Después de todo, también es un mundo que nos ha sido heredado.

Esta relación hombre – naturaleza, llama poderosamente mi atención y fue lo que me llevó a intentar comprender mucho más a los pueblos originarios, quienes tienen una relación de cuidado y respeto por la madre tierra que no ha sido posible replicar por otros grupos de humanos.

En la actualidad, los psicoanalistas que trabajamos fuera del consultorio, somos mucho más conscientes de la importancia de sostener la ética del respeto por las prácticas y creencias autóctonas de las personas, pero también podemos ser y procurar tender puentes para acortar la distancia ideo – afectiva hacia lo novedoso, hacia las personas y grupos sociales distintos a la cultura dominante. Más que un derecho, un deber.

Veamos un ejemplo de esto

El pueblo Guna es uno de los siete grupos originarios que habitan en la costa caribeña de Panamá y Colombia, mayormente en el archipiélago de Guna Yala, el cual está conformado por 378 islas, de las cuales solo algunas están habitadas. Su territorio está gestionado por el pueblo originario que lleva su nombre, siendo una de las comunidades indígenas más grandes y representativas en Latinoamérica.

Una de las situaciones de salud más extendidas en la comunidad guna es el VIH y el SIDA. A través de una fundación con la que trabajé, que les brindaba atención preventiva y tratamiento individual y comunitario en estos temas, conocí mucho más de sus costumbres.

Con los Gunas aprendí que los miembros de estas comunidades tenían que hacer un gran esfuerzo en entender español (en el idioma Guna no existe la palabra virus, por ejemplo. Y sí, es un idioma, ya que tiene su propio alfabeto y estructura gramatical).

Observé también que pasaban gran trabajo al no poder comprender la medicina moderna (muy divorciada de la medicina que conocían), viví las dificultades sanitarias y de transporte que padecían y, con todo esto, entendí, en parte, por qué se sentían menos respetados y cuidados que el resto de la población no indígena.

En cuanto a su relación con la naturaleza, observé que cuando algún miembro de la comunidad está enfermo y requiere de alguna preparación medicinal, el nele (médico tradicional) conversa con el espíritu de la planta, le pide autorización a la madre naturaleza y con ello su resguardo, como un ritual de respeto y sometimiento ante las dotes benevolentes de aquella. También que tiene rituales de agradecimiento a los recursos que les provee la tierra.

Aproximación inicial con pueblos originarios

Volviendo a la experiencia con la fundación, entendí que primero debía entender su manera de "curar heridas" antes que imponer la forma "correcta" conocida de la medicina "del hombre de ciudad", como nos dicen. Ellos me enseñaron que los ungüentos, menjurjes, ramas y baños medicinales, no son incompatibles, sino complementarios con la manera de curar de los waganegas (comunidad de extranjeros, no indígenas). A los niños de las comunidades indígenas lo curaba la medicina moderna ¡cierto!, esto mejoraba enormemente su calidad de vida, pero también lo hacía el volver a su tierra, los baños con ramas de la abuela y la preocupación y cuidados de la comunidad.

Dar información en idioma guna era todo un reto, conseguir que confiaran en nosotros y los recursos que les prestábamos era aún más difícil; fácilmente desechaban las intervenciones si estas no estaban adaptadas a su cotidianidad, y si las aceptaban no eran por mucho tiempo si antes no habíamos invertido suficiente en que entendieran que la propuesta occidental no venía a extinguir sus costumbres.

¿Por qué un psicoanalista debería acercarse a los pueblos originarios?

Porque el mundo necesita ser humanizado, pero a la vez descentrarse de la relevancia del hombre blanco, con poder, que habita en la ciudad. También porque sufren.

Gran parte de la población indígena panameña, y seguro que esto es extensible a otros países de la región, siguen viviendo en una situación de marginación y exclusión social.

Para la Organización Panamericana de la Salud (OPS), en su reporte del 2023 "La situación socio demográfica de las personas indígenas en América Latina y el Caribe", se ha estimado que en el 2018 había unos 58 millones de personas indígenas en América Latina, lo que equivale a un 10% de la población total de esta subregión (OPS, 2023).

Los pueblos indígenas o pueblos originarios padecen las mayores desigualdades de América Latina, como resultado de situaciones sociales, económicas, culturales y políticas promovidas por los procesos de conquista y colonización, que más adelante se fueron naturalizando en prácticas invisibilizadores, hasta discriminatorias (OPS, 2023).

Esto se evidencia en las precarias condiciones de acceso a servicios de salud, bajos niveles de escolaridad, inserción laboral en ocupaciones de menor remuneración, alta mortalidad infantil, entre otros. Además, esto se constata con la intensa migración desde los territorios indígenas hacia otras zonas del país, en busca de mejor acceso a recursos.

En esa migración, se limitan temas autóctonos de las comunidades aborígenes, como el tener que cambiar los nombres propios a unos no indígenas, la solicitud a niños a niñas a tener que cortarse cabello según reglamentos locales, la no consideración de los lugares de vivienda y dificultades en el traslado, las escuelas multigrados, entre otros. Estos sucesos afectan el derecho a la consolidación de la identidad indígena, siendo una de las diversas formas institucionalizadas de discriminación y desvalorización de la modernidad.

Aunque en Panamá hay leyes y estatutos administrativos que promueven el respeto, la conservación de sus costumbres e instituciones propias, la medicina tradicional, entre otros, es poca la propagación y uso que se hace de las mismas para la protección de los usos y costumbres de los pueblos originarios.

¿Cuáles son las principales dificultades en la intervención con pueblos originarios?

Hacer intervenciones en salud mental en estas comunidades es complejo, pues sus necesidades son de órdenes básicos y concretos principalmente. Agua, luz, aseo, escolaridad, acceso a servicios de salud y más. No hay mucho espacio mental para nada más.

Esto significa que el apoyo que requieren también es básico y concreto. Como analista mi manera de intervenir era principalmente con el cuerpo y con actos analíticos. Por ejemplo, debía trasladarme de un lugar a otro (no esperarlos y que ellos vinieran físicamente a mí), y sentarme al lado de ellos (no frente o atrás como suelo hacer en mi práctica privada). Sin embargo, esto no es lo único que ellos querían ni eran capaces de recibir.

En una intervención psicoanalíticamente orientada, con otro pueblo originario de Panamá (Mudarra, 2022), los Emberá, en la cual asistí a una familia que había perdido a un integrante a partir del impacto de un rayo; constaté que también buscaban y apreciaban otras formas de interacción, que buscaban también ser contenidos, escuchados, acompañados y que alguien facilitara la comprensión de lo vivido como un duelo comunitario.

El psicoanálisis, como herramienta de aproximación a la naturaleza y al dolor humano, provee recursos para su mitigación. La escucha y presencia respetuosa de analistas dispuestos a entender sin cambiar ni colonizar, es el inicio de la restitución amorosa que le debemos a estas comunidades

Pero ¿cómo se escucha algo que no tiene referencia, algo tan nuevo que no hay bastones ortopédicos que guíen la aproximación?

Trabajar con los pueblos originarios es aproximarse a una porción de realidad desconocida. No hay ninguna palabra que pueda asociarse con algo que resulte familiar.

La disposición a la escucha debe ser diferente, incluso reforzada.

Según Vilanova (2024)

> *la escucha psicoanalítica es una noción central del psicoanálisis con la que nos referimos a nuestra actividad semiológica, o sea, a la comprensión que hacemos en la sesión (…) de la realidad psíquica del paciente con nuestros recursos mentales, articulados con el «hilo» inconsciente que nos ha quedado disponible de nuestra infancia, procesado por nuestras teorías, análisis y autoanálisis (el énfasis es mío).*

El instrumento de trabajo del psicoanalista es, principalmente, su mente psicoanalizada, ese sostén interno devenido del trabajo e instrospección propia.

Para entender a los pueblos originarios, debe soportarse una cantidad considerable de angustia, hacer lo posible por disminuir la tendencia a penetrar impulsivamente en la mente del otro, y buscar espacios para más bien contemplar y mantener el espacio mental lo más abierto y flexible, de forma en la que sea dable el despliegue del desarrollo de la relación entre nosotros (Mudarra, 2022).

Pienso que esta escucha requiere no solo un entrenamiento psicoanalítico sobre las formas de captar las manifestaciones del inconsciente, sino también una sensibilización en el abordaje de contenido no verbal y de procesos colectivos y socioculturales.

En el contacto con los aborígenes, me doy cuenta de que la experiencia de observar bebés, ayuda al registro y comprensión del mundo del otro, cuando el lenguaje verbal no es lo dominante (Mudarra, 2023).

Para tratar de entender los proceso mentales de un bebé se necesita disposición, paciencia, tolerancia a la incertidumbre, construcción creativa de hipótesis especulativas y una buena dosis de empatía. Son estas características las que considero de especial relevancia en un psicoanalista que trabaje en comunidad.

Para entrar en el mundo de los pueblos originarios, debo preguntarme quién soy yo, a dónde estoy entrando, quién puede estar allí y cómo podré interactuar con ellos. Muchas preguntas que no encontrarán respuestas inmediatas ni sencillas, requiero contemplar y apreciar. Tal como un observador de bebés (Mudarra, 2023)

Si empezamos a visibilizar, entender y aceptar las diferencias, lo rico de la nutrición de lo distinto, sin intentar cambiarlo porque nos amenaza o nos asusta, es posible que también se generen espacios mentales de respeto y esto decante en políticas públicas para la democratización de los derechos y deberes de las personas, independiente de cualesquiera sean sus características.

Referencias

Comissão Econômica para a América Latina e o Caribe, Fundo para o Desenvolvimento dos Povos Indígenas da América Latina e do Caribe. (2020). *Os povos indígenas da América Latina – Abya Yala e a Agenda 2030 para o Desenvolvimento Sustentável: tensões e desafios desde uma perspectiva territorial.* Comissão Econômica para a América Latina e o Caribe. Disponível em: https://repositório. eclac.org/handle/11362/45664.

Freud, S. (1913) Totem e tabu. Algumas concordâncias na vida mental de selvagens e neuróticos. Vol. XIII. In *Obras Completas.* Amorrortu Editores, 2007.

Mudarra, N. (2022). Perspectiva psicanalítica em uma intervenção com povos originários do Panamá: transmitindo uma experiência. Material retirado do trabalho apresentado no *34º Congresso Latino-Americano da Federação Psicanalítica da América Latina (Fepal).*

Mudarra, N. (2023). Escuta sustentada desde dentro: olhar psicanalítico sobre experiências de intervenção com povos originários do Panamá. PRELO.

Organização Pan-Americana da Saúde. (2023). *A situação sociodemográfica dos povos indígenas na América Latina e no Caribe. Análise no contexto do envelhecimento e da Covid-19.* OPAS. Disponível em: https://doi.org/10.37774/9789275326473 .

Parin, P. (1977). O microscópio da Psicanálise Comparada e da " Macrossociedade ". *Psicanalítico*, (46):709, 1-25. Disponível em https://pep-web.org/search?facets=&q=The%20Microscope%20of%20Comparative%20Psychoanálise%20and%20the%20%22Macrosociety.%22.

Senra, P. (2023). Que outras guerras existem agora no mundo (além de Gaza e Ucrânia) e quais são os efeitos colaterais delas atraindo menos atenção. *BBC*. Disponível em https://www.bbc.com/mundo/articles/cprpn7re7dxo.

Vannini de Gerulewicz, M. (2022). *O xamã dos Cunaguaros. Viaje pelo mundo indígena venezuelano*, 2ª edição, (p.. 37). Fundação Editorial O Cão e o Sapo.

Vilanova, R. (2004). Escuta psicanalítica, universo em expansão. *Revista de Psicanálise*, #43. Associação Psicanalítica de Madrid.

15. Abriendo fronteras[1]

María Pía Costa Santolalla

El psicoanálisis comunitario se sustenta en la necesidad de integrar lo social y lo cultural, más allá de su presencia en la vida individual y en el intercambio transferencial, incorporando lo externo como constitutivo del psiquismo. Es respuesta al relativo encierro de la clínica clásica en los consultorios, y requiere replantear aspectos teóricos y técnicos específicamente orientados a considerar las problemáticas sociales y su participación en la constitución psíquica.

La vulnerabilidad es propia del ser humano, que nace inacabado e imposibilitado de sostener su existencia si no es gracias a otro ser que cubra sus necesidades biológicas y asegure los procesos de subjetivación que, como sabemos, se dan en relación con el otro. Desde que el hombre de las cavernas comprende que tiene que unirse a los vecinos para la caza mayor, hasta nuestros días, la solidaridad es prioridad en la comunidad. No se trata de un concepto filantrópico, sino de una necesidad práctica. En un mundo altamente socializado y globalizado, la solidaridad resulta indispensable para mantener el bienestar común.

Consultada Margaret Mead por un estudiante sobre el primer signo de civilización, sorprendió al no responder algo tan esperado como un anzuelo, una vasija o un instrumento de piedra. Ella nos

---

1 Trabajo revisado a partir del texto "Un encuadre teórico de protección", presentado en el Congreso Fepal, 2022.

cuenta que la primera huella de civilización se puede fijar en el primer fémur sanado. Ese hueso roto y luego soldado supone que ha habido una curación. La curación nos hace pensar que, luego del accidente que provocó esa herida, la persona no quedó abandonada a su suerte, sino que hubo alguien que la cuidó, permitió su inmovilización, la alimentó y la protegió de convertirse en carnada para los animales. La solidaridad es, pues, el inicio de la civilización. Junto con la conmoción ante el sufrimiento ajeno, nace la posibilidad de una organización social que contemple el bienestar del más débil.

Me gusta esta anécdota porque revela la importancia de contar con otros disponibles para cuidar del vulnerable. De esto se trata el trabajo terapéutico en general, y el trabajo en comunidad de manera muy particular. No puedo dejar de relacionarlo con el concepto de narcisismo terciario planteado por Mariam Alizade en *Clínica de la muerte*, en 1995. El narcisismo terciario es producto de una transformación que, a partir de la aceptación de la propia muerte, nos hace capaces y deseosos de cuidar a los demás, especialmente a aquellos lejanos y desconocidos. Esta transformación evoca un salto cualitativo que permite al yo descentrarse de sí mismo, al tiempo que logra domesticar las pulsiones, con el consecuente incremento de la solidaridad, la responsabilidad, y un mayor control de la destructividad (Berlín, 2021). Es pues el narcisismo terciario el responsable de la apertura hacia el mundo y hacia el otro lejano, desconocido, pero requerido de cuidado.

Esta cualidad terciaria del narcisismo es la que sustenta todo trabajo de cuidado del otro y, por supuesto, es sustento de nuestra práctica cotidiana, y de las prácticas comunitarias particularmente. Hay que decir que éstas han existido desde las fundaciones de las diversas clínicas psicoanalíticas de no pago en los inicios del Psicoanálisis. Lo que resulta novedoso en la actualidad es la conciencia de que este trabajo no sólo se dirige a la comunidad, sino que tiene que ser realizado, también, de manera comunitaria y, de manera fundamental, institucionalmente.

El trabajo en comunidad involucra al analista en una realidad dolorosa, conmoviéndolo, colocándolo en el lugar del desamparo y de la impotencia, por lo que requiere contención y el indispensable apoyo institucional. La institución asimismo facilita el acceso a organismos estatales, lo que amplía el alcance de los programas de atención y facilita el encuentro con las autoridades locales. Además, el involucramiento institucional promueve la riqueza de los intercambios entre sus miembros y una toma de conciencia que se hace cada vez más urgente.

Es necesario hacer hincapié en la envergadura que adquiere el psicoanálisis comunitario en América Latina, continente en el que grandes mayorías están sometidas a niveles de vida que expresan la urgencia de hacer frente a funciones que los Estados no están en condiciones de asegurar. Esta característica le da a la disciplina un valor particular por enfrentar un reto mayor; y es una realidad que difiere de la de las regiones europea y norteamericana.

La especificidad del trabajo psicoanalítico comunitario radica en enfocarse en problemáticas derivadas de procesos de exclusión social, característicos de la fragmentación de los vínculos sociales que tienen incidencia en la constitución de la subjetividad y la intersubjetividad. Todo ello produce una clase de sufrimiento que en general no logra expresarse como tal si no cuenta con dispositivos especialmente orientados a detectar estas problemáticas.

Para contribuir a la reflexión sobre estos dispositivos, me parece fundamental explorar el vasto panorama de la relación entre el adentro y el afuera. La dialéctica interno/externo ha ocupado al psicoanálisis desde sus inicios, con diversos acentos y miradas. Mariam Alizade (Tanis B. & Khouri M.G., 2009) nos brinda una luz al proponer *una nueva serie complementaria* a las clásicas planteadas por Freud: una serie que incluya la cultura y su incidencia en el psiquismo, no como un mero factor circunstancial, sino entretejiéndolo con la intimidad psíquica.

Propongo considerar dos conceptos para enriquecer la discusión: lo éxtimo y lo *fáctico*.

El concepto lacaniano de éxtimo da cuenta de aquello que, siendo profundamente interno, es consustancial a lo externo al estar articulado con el otro. Es una formulación paradójica en la que interioridad y exterioridad se encuentran en un continuo fluir a la manera de la banda de Möebius. Así, lo éxtimo, a la vez que diluye la dicotomía que nos es tan familiar de externo/interno, permite conceptualizar una conexión entre ambos campos, una articulación obligada que no se define como diferenciación ni como oposición entre mundo interno y mundo externo. Se plantea más bien como un territorio en el que se conjugan ambos espacios, que guardarían sin embargo su valor de interioridad y exterioridad a la vez. Este se constituye en el espacio privilegiado en el que se desenvuelven los procesos de subjetivación pero no como únicamente interior y propio, sino como dual y mutuo, aunque percibido como personal y único.

En cuanto a *lo fáctico,* Benyakar (2016) lo define como aquello que es externo al psiquismo pero, a su vez, es un concepto dual que incluye lo fáctico interno (lo corporal, lo somático) y lo fáctico externo (mundo exterior). Al incluir lo somático -fuente de la pulsión- como fáctico, nos abre a una perspectiva novedosa, en donde el interjuego no se dá entre el adentro y el afuera, sino entre la influencia de un hecho que al irrumpir en el psiquismo, es percibido como externo a él. "Llegamos así a una *nueva propuesta para conceptualizar la pulsión: un modo de organizar lo fáctico*. Esta propuesta traduce un interés que consideramos fundamental: promover al centro de nuestras consideraciones la dialéctica fáctico/psíquico, incluyendo lo externo y, en especial, lo disruptivo" (ibid). Lo fáctico se articula con la vivencia interna, sin omitir el lugar de la pulsión y el deseo, de tal manera que se conjugan y se indiferencian, alejándose, así, del paradigma freudiano en el que la pulsión y el objeto mantienen una relación causal que va de lo interno a lo externo.

En cuanto a la técnica, es importante también señalar las adaptaciones que requiere el trabajo en comunidad. La escucha sigue siendo la clave pero exige una flexibilidad pues a menudo se requiere una participación algo más activa, básicamente grupal, con un enfoque en el encuadre dentro del analista, incorporando técnicas que ponen el acento en el arte, el juego, el movimiento y el cuerpo.

El encuadre sigue siendo el espacio central en el que se despliega el proceso, pero no será necesariamente tal como lo conocemos. Se requiere adaptarse a espacios variados: a veces la calle, un comedor comunal o un aula en un colegio. No siempre será el mismo espacio en cada proceso ni en cada sesión de un mismo proceso, y hay que estar abiertos a irrupciones de elementos tan variados coma la presencia de un perro, la intervención de una autoridad en medio de una sesión o la entrada y salida de los participantes por diversas razones, no siempre expresadas. Con la pandemia, el encuadre virtual ha puesto a prueba nuestra técnica de manera a veces extrema; ha habido experiencias en las que cada miembro del grupo se encontraba en espacios tan diversos y poco idóneos como un microbús, la sala de espera de una comisaría, un taxi camino al aeropuerto, pantallas cerradas, una sala de casa con niños jugando en torno… siendo el nexo del grupo la inestable conexión a internet. Esta circunstancia es muy difícil de superar y en algunos casos ha exigido extrema tolerancia de parte del/la analista. A la comprensión necesaria sobre las condiciones a veces extremas de los participantes, es necesario, sin embargo, incorporar el trabajo de las resistencias que se expresan a partir de estas dificultades.

Por todo esto, el encuadre debe estar muy bien instalado en la mente del analista para permitir el intercambio íntimo en un continente que difícilmente podríamos caracterizar de privilegiado. Ciertamente en estos espacios no se desarrolla la neurosis de transferencia como sucede en el diván. Pero habrá que estar atentos a las diversas manifestaciones de transferencia que suelen ser intensas y que deben ser tenidas en cuenta.

Aunque hay experiencias de larga trayectoria, en su mayoría se trata de procesos breves, y por ello muy intensos, en los que se vuelcan los contenidos manifiestos relativos a situaciones, cuando no de emergencia, siempre de urgencia. Es necesario trabajar la experiencia disruptiva haciendo hincapié en los aspectos sensoriales de la misma para lograr, cuando se trata de grupos, una narrativa colectiva del evento disruptivo. Es por ello que las técnicas que incluyen el cuerpo, el movimiento y expresiones artísticas son de gran utilidad.

Los procesos grupales son indicados en gran medida porque los eventos disruptivos que los convocan afectan a toda la comunidad. En ellos se expresa las secuelas de desconfianza porque la trama vincular suele estar dañada por frustraciones endémicas. En esos casos, la suspicacia resta espacio a la confianza y la envidia reina sobre la posibilidad de la empatía. Será necesario facilitar la elaboración de estos sentimientos.

La contratransferencia merece un párrafo aparte. El trabajo psicoanalítico comunitario impone a menudo al psicoanalista involucrarse con entornos que no le son habituales, conocer realidades que no son necesariamente próximas a su experiencia. Y le exige acercase a ellas con la misma escucha libre y flotante que facilita desprenderse de preconceptos sobre la pobreza y la vulnerabilidad. Reconocer el lugar que las y los psicoanalistas ocupamos, básicamente el lugar del privilegio y del poder -lugar que es proyectado también por los sujetos atendidos- reconociendo que representamos el poder económico, político y cultural, nos permite reflexionar sobre cómo comportarnos frente a esta posición, cómo enfrentarla con honestidad y franqueza. Negarla, pretendiendo una imposible igualdad, obtura el libre fluir de los procesos. Se hace central la necesidad de elaborar la culpa que experimentamos por el lugar de privilegio que ocupamos y, también, la arrogancia que a veces nos acompaña y nos tienta a procesar la demanda como una urgencia ante la que hay que responder con un actuar.

Es importante una reflexión sobre el trabajo del mundo interno cuando las demandas del mundo externo son tan urgentes. Reconocer esta dinámica nos permite hacer frente al riesgo del asistencialismo. Este no sólo perpetúa el estigma de vulnerabilidad de las poblaciones atendidas, sino que obstruye la posibilidad de una atención libre y flotante y desvirtúa lo esencial del psicoanálisis, que es el enfoque en la subjetividad de las personas.

Por todo esto, es necesario insistir en la importancia del encuadre institucional que se convierte en un soporte para los equipos y sirve de protector de la función analítica. El trabajo comunitario, de esta manera, incumbe al analista: él está también inserto en una red comunitaria. El concepto de redes es esencial, tanto para las poblaciones atendidas, con las que se debe intentar restaurar el tejido de las redes vinculares fragmentadas, como para los y las psicoanalistas que, sólo trabajando en red, pueden enfrentar la complejidad de fenómenos que tendrán que abordar.

Referencias

Alizade, A. M. (1995). *Clínica con la muerte*. Amorrortu.

Benyakar, M. (2016). *Lo disruptivo y lo traumático: Abordajes posibles frente a situaciones de crisis individuales y colectivas*. Compilado por E. Ramos; A. Taborda; C. Madeira. Nueva Editorial Universitaria, U.N.S.L.

Berlin, D. (2021). Más allá de la cura. Narcisismo terciario en la obra de Mariam Alizade. En Alkolombe, P., Cardó, G., Romano, A. (comp.). *Mariam Alizade. Ideas centrales a la luz de la crisis actual.* Letra Viva.

Tanis B. & Khouri M. G. (2009). *A Psicanalise Nas Tramas Da Cidade*. Casa do Psicólogo.

16. Realidad, verdad y ficción en los vínculos hoy

Gabriela Salazar Canelos

En la actualidad, aún más desde los inicios de la pandemia, los vínculos se han visto ampliamente atravesados por el uso de la tecnología.

Esta ha facilitado los encuentros y han salvado muchas vidas solitarias. Dichos encuentros a veces están teñidos por calificativos como "relaciones que no son de verdad", aproximaciones virtuales, enfatizando en muchos casos, que es un espacio de ficción, en el cual los imaginarios se despliegan y traen situaciones que en muchos casos pueden ser "realidades ficticias".

Según el diccionario de la Real Academia de la Lengua virtual significa: "Que tiene virtud para producir un efecto, aunque no lo produce de presente, frecuentemente en oposición a *efectivo* o *real*."

El significado de la palabra realidad por otro lado, hace referencia a lo contrario de lo ilusorio o fantástico. Ha sucedido desde siempre, pero mucho más a través del uso de las plataformas, que la presentación de una faceta de uno mismo es mostrada, en reiteradas ocasiones descontextualizada, recortada.

¿Qué se muestra? Esa pregunta es tan singular, como seres humanos existen.

Dependiendo de que se quiere mostrar y para qué, se generan cárceles propias y éstas se anclan a fallidos usos de manual, que intentan dar cuenta de cómo y de qué manera debería enseñarse "eso" con lo cual deseamos despertar su interés ¿Qué es lo que nos interesa tocar o despertar del otro? ¿Qué mensaje deseamos enviar? ¿El uso de las redes sociales, ha incrementando una particular presentación de la histeria o del narcisismo?

Rodulfo (2014):

> *El psicoanálisis se ha ocupado mucho, pero sin entenderla del todo, de la primera pantalla que conocemos: el lago en el que se miraba Narciso. Ahora lo virtual, la complejización de los espejos, brinda una ocasión privilegiada para captar lo esencial de lo que se dio en llamar narcisismo, desenredándose de perspectivas moralistas en las que quedó envuelto (el vanidoso, el egoísta). El héroe del mito se reduplica con la comunicación a distancia sin el soporte de un cuerpo de carne y hueso.*

Pienso al respecto de estas preguntas y reflexiones, que el modo de relacionamiento y de intercambio a través de las redes sociales provoca un padecimiento particular, los imaginarios se disparan, al carecer de cuerpo, voz, tonalidad, textura en el diálogo, genera un posible padecimiento infinito, a causa de la fertilidad del encuentro con un terreno, en el cual los fantasmas de cada Sujeto se desplieguen en relación a los imaginarios que desencadenan los usos de las redes sociales que muestran controlada y exacerbada mente, la parte que pueden y desean mostrar. Esto genera en el consumidor de imágenes y de vidas ajenas una continúa relación que en muchos casos se torna insoportable. "La libertad del consumidor consumido" dice Jorge Alemán. Creo que ese es el riesgo del consumo indefinido e infinito en el que pueden caer ciertas relaciones virtuales con mayor facilidad, pero no todas.

La vida humana surge de encuentros

En el campo Imaginario, según lo describe Lacan en relación al estadio del espejo (campo que está en relación al Yo), ese Sujeto que se mueve en el registro Imaginario, si solo se moviera en él, estaría condenado y no tendría salida.

El yo (moi) del que hablará Lacan es siempre una estructura imaginaria, es el yo del narcisismo Freudiano. Derivado de estos postulados, podemos concluir que el yo es un conjunto de imágenes, es la primera posibilidad de organización, en cambio el Sujeto es una función de lo simbólico (por eso hay una esperanza de salida).

Es por esta condición de lo Imaginario, que pienso, que tanto el Yo virtual, así como el Yo presencial, sigue siendo una especie de ficción, si entendemos a la ficción como algo maleable, modificable, contradictorio, que deviene permanentemente. Esto nos ata a que vivamos muy preocupados y con temor de pérdida intensa. ¿Se exacerba esta ficción del Yo del campo Imaginario en lo virtual? Quizá si, pero en presencia, el Yo es también frágil, débil y no será sino hasta que se anude con lo simbólico que es algo a lo que bien podemos aspirar tanto por pantalla como en cuerpo, que podremos tener una salida distinta a la cárcel que es en sí misma ese tremendo lío que es el Yo desde que empezamos a vivir.

Ciertamente la vida humana surge de encuentros, ahora, ¿de qué cualidad de encuentros hablaríamos para que esa vida que se conecta a otra sea más ligera y menos sufrida?

En muchos casos los humanos en-pantallados, hemos construido relaciones que se nutren de virtualidad, y bajo ningún punto de vista podríamos decir que no son relaciones "verdaderas".

Las relaciones y los vínculos se impregnan de palabras, de sentires que pasan por ellas, las imágenes, los olores que se evocan y los sonidos, entre muchos otros, a pesar de que eso parezca lejano a la falta de cuerpo, contamos con significantes, y no siempre a las palabras se las lleva el viento, algunas miradas, risas, juegos, sostienen, crean junto a una disposición emocional, vínculos sólidos, tejidos importantes.

La tecnología en sí no es el problema, el uso que le damos a las aplicaciones es sumamente variable y singular. Existen whataspps llenos de emocionalidad, de risas, de coqueteos, cercanías, tanto como de discusiones e incluso "tiradas de puertas" virtuales.

Si bien es cierto que la tecnología agota y no suple la presencia física, implica un intercambio de dos, como en todo encuentro.

Virtualidad y psicoanálisis: una analogía musical con libertad limitada

Tomando en consideración la virtualidad, la realidad de la pandemia y la verdad detrás de los psicoanálisis a través de las fibras ópticas, pienso que, cuando hablamos del método psicoanalítico, coincido con muchos colegas, que lo que requerimos para pasar del diván a la pantalla con mayor comodidad fue la confianza en él.

La técnica psicoanalítica no es seguir un manual de indicaciones sobre encuadre y de muchos "no-s". Qué si no se debe hacer tal o cual cosa, para mi entender, a medida que el encuadre interno es menos sólido, mayor necesidad de ser rígido (no riguroso) con el encuadre externo. En este punto, las reflexiones de Mariam Alizade sobre encuadre interno son interesantes.

Voy a introducir algunas analogías que me permiten pensar al psicoanálisis virtual.

Algunos músicos de profesión, con alma de artistas, apasionados como son con su oficio, desde muy temprano, a la par del aprendizaje de solfeo, composición musical, lectura de partituras, acompañamiento de la mano de un maestro que guía sobre interpretación, también improvisan. Crean, se dan la libertad frente al instrumento que practican, se permiten soltarse algo libres y espontáneos.

A mi criterio, algunos de los mejores músicos son aquellos que dominan las partituras, su instrumento, de tal manera, que como un buen músico de jazz que es el aspecto mas libre de la música, puede sentarse frente a un piano e improvisar.

Todos sabemos que para ser un jazzista, se debe no solo dominar el amplio espectro musical, no así necesariamente para tocar una pieza prodigiosa de música clásica por ejemplo, que puede tener todas las notas impecablemente bien tocadas, no obstante, podría carecer de ese "alma" que solo algunos logran, pero que sin duda, es lo que hace de una interpretación, una que conmueve o no a la audiencia.

De igual manera que el músico sólido y apasionado logra soltarse e improvisar dentro de ciertos límites armónicos, (debemos tomar en cuenta que no existe la noción de libertad total en la improvisación, las leyes armónicas siguen presentes, no hay una libertad plena) así como un analista puede sacar lo mejor del proceso con un paciente, sea este virtual o presencial.

Un director de orquesta lidera a su grupo, sabe a ciencia cierta que su grupo de instrumentistas no tocarán igual un concierto que otro, pero también sabe que esa determinada orquesta suena de una manera bajo su batuta y no bajo otra. Esto tiene muchos factores en juego, pero el alma, eso que uno no podría fácilmente decir que es objetivo, concreto y "real", suele ser uno de los factores con mayor incidencia.

¿Porqué existe tanta diferencia entre un director de orquesta, un concertista y otro? No se trata de temas técnicos, no solo, se trata del alma que se logra conectar con el otro. Hay un "algo" que excede las palabras, que no se agota en el ritmo, es un "algo más" que se construye en medio de esos dos espacios, es un espacio lúdico, experiencial, intenso. Un músico alcanza a leer con su extrema sensibilidad lo que el director le transmite sobre la pieza y lo que desea lograr mas allá de las individualidades.

Estos ejemplos, si bien son aplicables al análisis virtual y presencial, es algo que se puede extrapolar a otras relaciones mediatizadas por usos tecnológicos de todo tipo.

Retomo el criterio de Rodulfo (2014):

> *Lo de la pantalla, lo digital, no se reduce a un adelanto técnico entre tantos otros, ya que la pantalla supone un nuevo espacio donde jugar y disponer las cosas de la subjetividad, tal como en su momento el cuerpo de la madre o la hoja de papel. Un nuevo espacio de escritura de nuestra existencia. En él pareciera que lo verdaderamente singular de la experiencia narcisista –su dar lugar a "la vida propia de las imágenes", parafraseando a Saussure– culmina en un grado e intensidad de realización sin precedentes.*

Los simbolismos virtuales y lo infinito

Me pregunto ¿puede la virtualidad ser un espacio de goce ilimitado? ¿Las relaciones por aplicaciones, al no ser presenciales son irreales, ficticias por no ser consideradas "reales- objetivas, ¿verdaderas"?

Considero que no siempre, que si bien hay muchos problemas que son significativos a la desgracia tecnológica, como son las palabras sin entonación, los errores en la escritura que descontextualizan las cosas, las conversaciones que se cortan repentinamente y no tienen palabras explicativas, dejando muchas ideas sueltas que suelen ser negativas, también pueden encontrar modos de sostén y de integración.

Existe el riesgo, de que un emoticón tenga cientos de interpretaciones posibles, uno no termina de adaptarse al uso de uno, y salen nuevos gestos virtuales. La virtualidad es rápida, no hay tiempo para acomodarse, asentarse, sedimentarse. El agobio de la inmediatez y de las mil caras imaginarias de Eros y Tanatos, tiene el riesgo de tornarse en un sufrimiento ilimitado.

¿Cómo nos humanizamos y construimos dentro de relaciones virtuales-reales?

La virtualidad y la realidad en medio de este mundo lleno de ficción puede tener una salida "verdadera" al encontrar espacios de interés, de autenticidad. Lugares que permitan el devenir constante de dos Sujetos que se construyen a sí mismos en medio de un dos que es más que la suma de singularidades, esto es posible tanto en relaciones presenciales, como en relaciones mediatizadas por aparatos tecnológicos.

Pienso a la realidad con caraterísticas de espontaneidad y de experiencia compartida, tomo el pensamiento de Byung-Chul Han en su ensayo "la agonía del Eros", que retoma algunos pensamientos de Breton acerca de la fuerza universal que tiene Eros: " *El Eros se manifiesta como aspiración revolucionaria a una forma de vida y sociedad completamente diferente. Es más, mantiene en pie la fidelidad a lo que está por venir*".

Cuando nos referimos a la *verdad, lo auténtico, lo no ficcional*, podemos pensar en lo potente y necesario que es haber sido un amigo, un amante (virtual- presencial- semipresecial-esto lo agrego yo), para poder pensar según Byung-Chul, y eso, en nuestro campo, es indispensable para sostener, entre otros, la tésis de Umberto Eco, acerca de que la "*creatividad crítica- el espíritu crítico para analizar lo que hacemos o inventar formas mejores de hacerlo- es la única vara para medir la actividad intelectual.*"

Pensando como psicoanalistas que trabajamos en medio de un momento histórico donde faltan tejidos sociales, donde se desnuda la cruda violencia de los Estados frente a la inequidad de sus pueblos durante la pandemia y la impotencia que sentimos todos, una bella manera de no permitirnos ni permitir la deshumanización en los vínculos, dentro del ser y estar, estaría ligada a la idea de que es posible solidaria e interesadamente construir algo juntos, sea de manera virtual o presencial. A ese "acontecimiento" (Badiou 2020) le podemos colorear de compañerismo y cercanía, tiene la "perspectiva de una construcción del mundo a partir del Dos del amor, de un mundo que ya no es ni el mío ni el del otro, sino el proyecto, vía un "nosotros dos" singular, de un mundo para todos".

Referencias

Alizade, M. (2002). El rigor y el encuadre interno. *Revista Asociación Psicoanalítica Uruguaya.*

Badiou (2020). *La agonía del Eros.* Herder Editorial.

Diccionario de la Real Academia de la Lengua. https://dle.rae.es/.

HanByung, Chul (2020). *La agonía del Eros.* Herder Editorial.

Lacan, J. (2003). O estágio do espelho como um modelador da função do self conforme ele se revela a nós na experiência psicanalítica. En *Escritos 1 e 2.* Siglo XXI.

Lacan, J. (2003). La agresividad en psicoanálisis. En *Escritos 1 y 2.* Siglo XXI.

Rodulfo, R. (2014). *Los lugares donde se trama la subjetivación.* Andaimes da psicanálise. Paidós.

17. Entre las rejas y el diván: coordenadas hacia una posible salida

Liliana Amarilla

> *Los antiguos griegos decían que el error era una flecha que no había dado en el blanco. Como en el psicoanálisis no hay ningún blanco cierto, corresponde advertir qué es lo que acertó esa flecha errónea. Así vamos aproximándonos a la verdad, pues quien en ese camino desecha el posible error obstaculiza el acceso a lo cierto.*
>
> Fernando Ulloa

Escribir sobre la experiencia de trabajo en las prisiones es un ejercicio que abriría muchas líneas de reflexión. En este trabajo voy a tomar en consideración algunos aspectos que atañen fundamentalmente a los interrogantes que resuenan alrededor del posicionamiento ético y el deseo del analista en estos márgenes.

Entre los planteos que a menudo giran alrededor de cómo continuar sosteniendo mi presencia en la cárcel (lugar en donde trabajo hace más de 20 años), puedo colegir algunas preguntas: ¿que estaría dentro y qué afuera en el escenario de encuentro con aquel al que llamamos PPI (persona privada de libertad)?, ¿cómo pensar la demanda de escucha, desde una posición ética ya que, del lado del detenido, dicha demanda parece diluirse y reaparecer sin espacio ni tiempo, si lo miramos desde lo que entendemos por encuadre clásico?

Desde que inicié la formación fueron apareciendo algunas respuestas entre las que se encuentra lo que plantea Marcelo Viñar (2002, p. 32): "*Es la actitud del analista el pívot que vertebra el encuadre, las reglas del dispositivo son medidas accesorias para favorecer la emergencia de un diálogo analítico. No se puede trocar el fondo por la forma*".

Respuestas que favorecen el deseo de continuar en la búsqueda de conceptualizaciones y desarrollos teórico-clínicos que validen metapsicológicamente las posibilidades de intervención en este territorio que parece poco fértil, si no se cuenta con las herramientas necesarias.

Salir del silenciamiento, hacia el lazo de la palabra

Al dar testimonio creo que se fue abriendo la posibilidad de salir del mutismo e ir hacia el advenimiento de un proceso dialéctico en el que reconozco dos participantes.

Por un lado, se hace presente el discurso y el relato de las reseñas biográficas de aquel a quien me voy a referir como Francisco y, por otra parte, de mi lado, la apertura a narrar material que no se circunscribe al consultorio particular, encontrando un eco a este pensamiento en las palabras de Bleger (1985, p. 105):

> *Sostengo que, en el campo científico, lo que decide la validez de un instrumento no es la filiación de la ideología que implica, sino su correcta ubicación en el proceso dialéctico de los fenómenos.*

También en las de Foucault (2002, p. 55):

> *Sin embargo, si el lenguaje no se asemeja de inmediato a las cosas que nombra, no está por ello separado del mundo; continúa siendo, en una u otra forma, el lugar de las revelaciones y sigue siendo parte del espacio en el que la verdad se manifiesta y se enuncia a la vez. Es verdad que no es la naturaleza en su visibilidad original, pero tampoco es un instrumento misterioso cuyos poderes solo sean conocidos por algunos privilegiados.*

Ser parte de los privilegiados, y poseer algunos de estos misteriosos poderes que tiene la palabra, que en este caso que les voy a contar y que hasta ese momento solo podía asumir sonoridad en un esfuerzo por deletrear letras, me ofrecía la posibilidad de que seamos dos los autores que pudiéramos contar acerca de los efectos transformadores, luego de que compartiéramos esta experiencia. Él sorprendido ante al hallazgo y descubrimiento de poder comenzar a contar sobre su situación en la penitenciaria y yo corriéndole el velo a la opacidad de estas narrativas que en general no eran plasmadas entre las clásicas "viñetas" clínicas.

Al situar las presentaciones de la población carcelaria, en general observamos desde una noción psicopatologizante los que se podrían denominar *a priori* como cuadros psicóticos, perversos y neuróticos. Aunque afinando la lente, lo que se puede ver es, en su mayoría, personas con escasa o nula alfabetización, vivencias de desamparo primario y condiciones de vulnerabilidad psicosocial desde los orígenes.

Como recuerda Braunstein (1995), etimológicamente, "*reo* viene de *reor*, es contar. El reo es el que tiene que contar su acto". Elegí contar acerca de una circunstancia personal que adquirió *après-coup* una significación particular y que me permitió ir al encuentro, al develamiento desde una posición que fui descubriendo y sigo pensando como propicia, en el acceso y transmisión de experiencias en las prácticas "extramuros", al decir de Bleichmar (2010).

Comenzando a transitar la formación en APA fui invitada a formar parte de la Subcomisión de la Secretaría Científica llamada "Psicoanalistas en el territorio", que luego se constituyó en uno de los seminarios que se dictan dentro de la currícula oficial. Dicha subcomisión está integrada por un grupo de analistas provenientes de diferentes ámbitos del ejercicio del psicoanálisis, con una vasta trayectoria en el ejercicio y especialización en diferentes territorios que tienen por objetivo en común ampliar los márgenes de visibilización y reconocimiento de las prácticas del psicoanálisis en extensión. Apareciendo así la oportunidad para dar a conocer y pensar con otros los aspectos que entran en juego en estas prácticas, que se podrían catalogar de "marginales", al margen de la palabra... al margen de los recursos simbólicos.

Me referiré a una serie de entrevistas "de seguimiento" (que son instancias que acompañan los plazos judiciales de la progresividad de la pena) con un hombre que estaba condenado por el delito de homicidio. El hecho transgresor se produjo en el contexto de un conflicto barrial por la toma de terrenos, en el que intervinieron varias personas que resultaron heridas y una de ellas falleció, luego de un tiempo internada en el hospital.

El motivo de las convocatorias era dar respuesta (mediante la confección de lo que se conoce como un informe psicológico) a un oficio proveniente del Juzgado que solicitaba en esta oportunidad la evaluación para un cambio hacia un Régimen Abierto, lo que significa que el detenido pasaría de estar alojado de un régimen cerrado a uno más amplio, con mayor grado de autogestión y autonomía desde las medidas de controles de seguridad.

A medida que fueron transcurriendo las entrevistas y después de varios meses, comienza a narrar aspectos alusivos a su situación familiar actual, las dificultades económicas que atravesaban y distintos conflictos filiatorios que lo aquejaban. Llegados al punto de manifestar por qué no estaba recibiendo visitas siendo este un dato importante que se plasma en los informes que se dirigen al juez, dado que permite de alguna manera proyectar cómo se desarrollará su futuro retorno al medio sociocomunitario. Dejaba entrever una gran preocupación acerca de no saber qué decirles a los hijos, cuando le preguntaban por teléfono por qué ellos no podían ir a verlo, por qué él no podía volver a la casa. Ya que junto a su mujer habían decidido que los niños no ingresarían a los establecimientos penitenciarios, porque no querían que supieran acerca del motivo que determinó su situación de encierro (en la que permanecía desde hacía años).

Mediante una postura introvertida y cierta desconfianza, cuenta que primero se le ocurrió decirles a sus hijos que estaba trabajando con un tío que vive en el norte de nuestro país, después que le salió una oportunidad de trabajo en otra ciudad alejada de la que residen. Hasta que me mira y murmura: "*Ya no sé qué decirles, creo que se dan cuenta... o debe ser que yo me pongo nervioso con ese tema*".

Le pregunto si no cree que sería mejor poder transmitirle algo de la verdad acerca del motivo que lo llevó a estar privado de su libertad. Se angustia, y me dice que no podría... tiene miedo, siente vergüenza. Está arrepentido por haber reaccionado de esa manera... en ese momento... nunca se imaginó que la cosa terminaría tan mal. "*¿Y a usted qué le parece que yo les podría decir?*", me interpela. Manteniéndome alejada de dar consejos, alguna medida de apoyo o hacer un juicio de valor sobre el hecho punible, le respondo que tal vez podríamos pensar juntos la manera de encontrar una vía que le resulte posible, contándoles acerca de su situación. Ante lo cual expresa que quiere escribir una carta, poniendo a prueba las herramientas de lectoescritura que viene adquiriendo en el marco del cumplimiento de la condena. Era la primera vez que escribía, se sentía inseguro, dudaba acerca de qué contar, qué palabras usar. Se decidió por describir la rutina que lleva adelante en lo cotidiano, haciendo alusión a que estaba muy entusiasmado con todo lo que está aprendiendo en la escuela, no solo leer y escribir, sino que además estaba aprendiendo a dividir y multiplicar, cosa que le parecía imposible de imaginar que lo lograría. Finalmente, y tras hablar con las maestras que lo guiaron en la confección de la carta, se la envía a su familia.

Luego de algunas semanas se acerca Francisco a la oficina con un sobre entre sus manos y dice que es para mí. En el frente, con diferentes colores y caligrafías, estaba escrito mi nombre. Cuando lo abro había cuatro dibujos, en los que aparecían caminos, árboles, teléfonos, y aviones… Dice que me lo enviaron sus hijos. Que les contó que estaba hablando con una psicóloga, que tenía mucho por hablar con ellos, que estaba trabajando, asistiendo al colegio dentro de la cárcel y que contaba los días para poder volver a verlos. Que había algo que tenían que saber, pero que todavía eran chicos y que ya iba a haber tiempo.

Palabras que liberan

En mi experiencia psicoanalítica, salir del silenciamiento y hacer lazo con la palabra es una instancia que permite ubicar cuál es el lugar de la escucha dentro del territorio carcelario, intentando devolverle un valor a aquello que quedó coagulado sobre el significante de lo impensado. A través de la convicción en las posibilidades del método, mediando la abstinencia y apuntalada en los conocimientos que brindan los espacios de estudio que ofrece la formación, continúo apostando a que circulen los efectos de una inscripción simbólica dentro del sistema familiar. Y que se generen otros efectos sobre la subjetivación del otro, a quien le ha fallado su propio sistema de interdicción interior.

Como plantea Gerez Ambertín (2012, p. 34):

> *[…]es tarea del psicoanálisis: dar cuenta de cómo se subjetiviza lo prohibido y cuáles son las causas que llevan a los hombres a precipitarse en ese cono de sombras de lo*

ilícito. Cono de sombras íntimamente ligado al amor, a la culpa y al Icc.

Esta experiencia con Francisco (que poco tiempo después salió en libertad) y su familia da cuenta del movimiento de una palabra simbólica que circula en él y hacia los hijos. Hacer lugar para que la ley, vía lazo social, produzca algún anudamiento y que la palabra del padre circule de otra forma, en términos de transmisión de límites e inscripción de la ley a sus hijos en la doble acepción psicoanalítica y jurídica.

Muchos de los interrogantes iniciales quedan abiertos y son precisamente los que alientan la pulsión epistemofílica al afrontar cada nuevo desafío que la institución carcelaria genera. Reconociendo los obstáculos y la complejidad de la praxis en estos dispositivos, es que resulta *imprescindible* y *necesario* que se puedan dictar dentro de las instituciones psicoanalíticas más seminarios que atiendan a la especificidad de estas temáticas. Ya que de esta forma se hace lugar a la autorización de los analistas, en términos de función analítica, reconociendo todo lo que todavía aún queda por recorrer, y sin desconocer el legado de los pioneros y los autores contemporáneos que reflexionan sobre la particularidad de estas problemáticas, anhelando que, en un futuro no muy lejano, se habiliten también las supervisiones reconocidas por los institutos como didácticas para continuar formalizando y expandiendo la legitimidad del psicoanálisis que trasunta más allá del diván.

Ya que a través del sostén que ofrece el análisis personal, la asistencia a variados seminarios y la supervisión, pude ir entrando en contacto, de otro modo, tal vez superando mis propios prejuicios, configurando qué características asume el campo de intervenciones posibles, más allá de los muros tangibles que delimitan el ámbito carcelario.

Referencias

Bleger, J. (1985). *Psicología de la conducta*, Buenos Aires, Paidós.

Bleichmar, S. (2010). *Psicoanálisis extramuros. Puesta a prueba frente a lo traumático*. Editorial Entreideas.

Braunstein, N. (1995). La culpa en derecho y en el psicoanálisis. *Revista El Psicoanálisis en el Siglo*, Nº 3/4, 73-82.

Foucault, M. (2002). *Las palabras y las cosas*. Siglo XXI.

Gerez Ambertín, M. (2012). *Culpa, responsabilidad y castigo en el discurso jurídico y psicoanalítico*. Letra Viva.

Viñar, M. (2002). Sobre encuadre y proceso analítico en la actualidad. *Revista Uruguaya de Psicoanálisis 2002; 96: 31-36.*

Ulloa, F. (2011). *Salud ele-Mental. Con toda la mar detrás*. Ediciones Del Zorzal.